SAND. SEIFE. SODA.

HÄDECKE

Hermine Kiehnle · Monika Graff
Original schwäbisch
The Best of Swabian Food

To my very special friends
Alice and Ron!
Thanks for the awesome time
in Michigan. YOU make the time
very special!!
May God bless you richly!
Love you!
Ute

Aug. / Sept. 2010

HÄDECKE

Hermine Kiehnle · Monika Graff

Original Schwäbisch
The Best of
Swabian Food

Kulinarische Texte
von
Josef Thaller

ISBN 978-3-7750-0386-5

8   9   10   11 | 2012   2011   2010   2009

Printed in EU

© Walter Hädecke Verlag
Postfach 12 03
71256 Weil der Stadt
Telefon: +49 (0)70 33/13 80 80
Telefax: +49 (0)70 33/1 38 08 13
E-Mail: info@haedecke-verlag.de
www.haedecke-verlag.de

Abbildung Vor- und Nachsatz aus
EMAIL von Brigitte ten Kate von Eicken

Fotos: Chris Meier, Stuttgart
Umschlaggestaltung:
Julia Graff, Design + Produktion, Stuttgart
Typografie und Satz: ES Typo-Graphic,
Ellen Steglich, Stuttgart

Picture endpapers from
EMAIL von Brigitte ten Kate von Eicken

Photographs: Chris Meier, Stuttgart
Cover design:
Julia Graff, Design + Produktion, Stuttgart
Typography and typesetting:
ES Typo-Graphic, Ellen Steglich, Stuttgart

Abkürzungen

kg – Kilogramm
g – Gramm
l – Liter
ml – Milliliter
EL – Esslöffel
TL – Teelöffel

Abbreviations

c(s). – cup(s)
lbs(s). – pound(s)
oz(s). – ounce(s)
qt. – quart (2 pints)
tbsp. – tablespoon
tsp. – teaspoon

Rezepte

Recipes

Das Originale wird immer seltener. Es ist, wie alle Merkmale regionaler Identität am Entschwinden. Verdrängt von einer immer mehr um sich greifenden Globalisierung, die mit ihren Gleichschaltungsmechanismen auch die letzten Winkel der Erde erreicht hat. Es gibt ein paar Ecken die bisher noch ausgespart blieben, aber dies ist wohl eher zufällig und irgendwann werden auch die letzten Refugien von McDonald & Co. eingenommen werden.

Dabei übt gerade heute das Originale eine nie zuvor gekannte Anziehungskraft aus. Nostalgiekranke und kindheitssehnsüchtige Esser machen kilometerlange Umwege um noch in den Genuss handgeschabter Spätzle zu kommen. Was vor einem halben Jahrhundert noch undenkbar gewesen wäre, denn es gab keine anderen als handgeschabte Spätzle.

Es sind wohl allein die schwäbischen Spätzle und der bayerische Kartoffelknödel, die bisher noch einer Verfremdung trotzten. Zwei letzte Bastionen gegen die Veränderungswut unserer Zeit. Am meisten müssen unter diesem Wahn die schwäbischen Maultaschen leiden. Selbst in Dorfgaststätten gibt es mittlerweile Maultaschen die mit Lachs statt wie es sich gehört mit Kalbsbrät und Spinat gefüllt werden. Andere Originale der schwäbischen Küche, wie das „Beugel" entschwanden schon Anfang des letzten Jahrhunderts auf nimmer Wiedersehen und es tauchte unvermutet als „Bagel" in der neuen Welt, zuerst in Toronto, später in New York wieder auf und feiert seither in den dortigen Metropolen Triumphe. Das „Beugel" war neben der Fastenbrezel eines der beliebtesten Fastengebäcke und wurde von den zur „Purifizierung" vor Ostern eine Beichte ablegenden „Beichtgehern" den Daheimgebliebenen vom Bäcker mitgebracht. Besonders beliebt hierbei war das „Brezel- und Beugel-reißen", wenn die Brezel oder Beugel nicht für alle reichten.

Das Beugel war ein originales Brauchtumsgebäck und dies ist wohl auch die Erklärung für sein Entschwinden. Mit dem Entschwinden des Brauchtums ist auch das Gebäck entschwunden.

Bei manchen Originalen kann auch nicht so ohne weiteres die „Ausschließlichkeit", die ja das Merkmal jeden Originals ist, beansprucht werden. Sie haben ein Pendant auf der anderen Seite des Zauns. So die „Bubaspitzle" in den fränkischen „Wargele" oder „Bauchstecherle" oder die „sauren Rädle" im bayerischen „sauren Kartoffelgemüas". Selbst etwas so urschwäbisches wie der „Gaisburger Marsch", dessen Entstehung bei Thaddäus Troll belegt ist, hat ein österreichisches Militärgegenstück, den „Grenadiermarsch". Ein von den Zutaten, wie auch der Zubereitung her identisches Gericht. Bis auf die Spätzle. Die österreichischen Militärköche haben bei diesem traditionellen Samstagsgericht, das nichts anderes als ein „Marsch durch die Wochenreste" war und vor allem der Verwendung übriggebliebenen Rindfleischs diente, statt der Spätzle Nudeln genommen.

Die Spätzle jedenfalls, diese seltsamen und eigenwilligen Teiggebilde werden sich weiter behaupten. Sie werden, wie ich schon im Vorwort zum Vorgängerband dieses Buches anmerkte: „das einzige Produkt sein das die Schwaben im 21. Jahrhundert noch genau so machen wie vor 700 Jahren".

Authentizität können jedoch auch die übrigen Rezepte dieses Buches für sich beanspruchen. Sie entstammen samt und sonders dem „Kiehnle Kochbuch", 1921 vom „schwäbischen Hausfrauenbund" im Hädecke-Verlag herausgebracht und seither in jedem ordentlichen schwäbischen Haushalt Garant für Originalität. Wenigstens in der Küche.

Originality is becoming rarer and rarer. Like all features of regional identity, it is disappearing. Displaced by an increasingly all-encompassing globalization which, with its uniformity-creating mechanisms, has reached even the furthest corners of the Earth. There are still a few nooks that have so far escaped inclusion, but this is probably only by chance, and at some future date even these last refuges will have been overrun by McDonald & Co. Yet nowadays it is precisely the aspect of originality that exercises a hitherto unknown attraction. Nostalgia sufferers and eaters who look back on their childhoods with yearning go miles out of their way to enjoy Swabian noodles ("*Spätzle*") scraped from board to pan by hand. A thing that would have been unthinkable half a century ago, when all Swabian noodles were manually produced in this way.

It is probably only the "*Spätzle*" and hand-grated Bavarian potato dumplings that are still resisting foreign influence. Two last bastions holding out against the mania for change that characterizes our day and age. The most frequent victim of this mania is probably the Swabian "Maultasche" (a kind of giant ravioli). Even in Swabian village restaurants you will find "Maultaschen" stuffed with salmon instead of finely chopped veal and spinach, as they should be. Other originalities of Swabian cuisine such as the "Beugel" (a roll made of short pastry and filled with nuts or poppy seed), had already disappeared at the beginning of the last century, only to reappear unexpectedly as "Bagels" in the New World, first in Toronto, later in New York, whence their triumphant procession through the metropolises of that continent. Together with the Lenten pretzel, the "Beugel" was once one of the most popular pastries enjoyed during this period of fasting and used to be brought home from the baker's by those going to confess

their sins as an act of "purification" before Easter. One particularly popular feature of this custom was "tearing the pretzel or Beugel" if there were not enough pretzels or Beugels for those family members who had stayed at home.

The "Beugel" was an original item of pastry associated with a custom, which is probably the explanation for its disappearance. When the custom fell into desuetude, the pastry disappeared with it.

Nor can all originals easily lay that claim to "exclusivity" which is, after all, the characteristic of every original. They have a counterpart on the other side of the fence. "Bubaspitzle" are reflected by Franconian "Wargele" or "Bauchstecherle", or "sour wheels" by Bavarian "sour potato vegetables". Even something as archetypically Swabian as "Gaisburg March", the origin of which has been explained by Thaddäus Troll, has an Austrian military counterpart, "Grenadier March". Two names for a single dish with identical ingredients and methods of preparation. Apart from the "Spätzle" (Swabian noodles)! In preparing this traditional Saturday meal, which was nothing more or less than a "march through the week's leftovers" and which was mainly concerned with the processing of any beef left over, Austrian army cooks used their own types of noodles.

There can be no doubt that "Spätzle", those strange and highly individual dough creations will continue to prosper. As I already mentioned in the foreword to the predecessor of this book, they will be "the only product that Swabians in the 21st century still make in exactly the same way that they did 700 years ago".

The other recipes in this book can, however, also claim authenticity. All of them are taken from the "Kiehnle Cookery Book" published for the "Swabian Housewives' Association" by Hädecke in 1921.

Schupfnudeln · Potato noodles

Schupfnudeln
(Bubespitzle, Wargele)

1 kg Kartoffeln am Tag zuvor gekocht
2–3 Eier, je 1 Prise Salz und Muskat
ca. 100 g Weizenmehl
    4 l kochendes Salzwasser
Butterschmalz zum Braten

evtl. zum Aufziehen:
1–2 Eier
2–3 EL süße Sahne

Die Kartoffeln schälen, fein reiben, die Eier und
die Gewürze und soviel Mehl zufügen, bis die
Masse zusammenhält (das hängt von der Kartof-
felsorte ab). Den Teig durchkneten, eine Rolle formen, davon kleine Portionen abschneiden und mit
den Händen auf einem bemehlten Backbrett klein-
fingerlange Würstchen formen. Die Schupfnudeln
in leicht gesalzenem Wasser so lange kochen, bis
sie an die Oberfläche kommen. Eventuell erst eine
Probenudel abkochen, und wenn diese zerfällt,
noch etwas Mehl unterkneten.
Die Bubespitzle gut abtropfen lassen, sodann im
heißen Butterschmalz rundum knusprig braten
und zu Sauerkraut oder Braten reichen.
Oder die abgetropften Schupfnudeln auf einem
Backbrett ausbreiten, und wenn sie gut abgetropft
sind, in eine gefettete Form legen, mit verquirltem
Ei und Sahne übergießen und im vorgeheizten
Backofen bei ca. 200 °C (Gasherd Stufe 3) etwa
20 Minuten goldgelb überbacken.
Das Hin-und-Her-Rollen der Kartoffelmasse nennt
man – je nach Gegend – schupfen oder wargeln.

Saure Kartoffelblättchen
(Kartoffelrädle)

1 kg festkochende Kartoffeln

zur Soße:
40 g Butter oder Pflanzenmargarine
60 g Mehl
$^3/_4$–1 l gut gewürzte Fleischbrühe
2–3 EL Weinessig
1 Lorbeerblatt
2 Nelken
$^1/_2$ Glas Weißwein

zum Nachwürzen:
Salz und frische Majoranblättchen

Die Kartoffeln schälen, in feine Scheiben schneiden und über Dampf knapp gar kochen. Das Wasser abgießen, die Kartoffeln in eine vorgewärmte
Schüssel füllen.
Butter oder Margarine zerlassen, das Mehl zugeben und unter Rühren eine braune Mehlschwitze
herstellen. Mit Fleischbrühe ablösen, Essig und
Gewürze zugeben und die Soße 20 Minuten auf
kleiner Flamme köcheln.
Die Soße durch ein Sieb passieren, den Wein
unterrühren und die Soße nach Geschmack nachwürzen.
Die Karoffelblättchen einlegen, vorsichtig erhitzen
und servieren.

Oder den Majoran weglassen und das Kartoffelge-
richt mit 4 Esslöffeln, in Fleischbrühe gegarten
Zwiebelstücken und gehackter Petersilie würzen.

Die Kartoffelrädle können nur mit einem Kopfsalat
oder auch mit gekochtem Rindfleisch serviert werden.

---

*   Originalrezept aus
     „Oekonomisches Handbuch für Frauenzimmer", Stuttgart
     1817.

Potato noodles (Schupf-
nudeln, Bubespitzle, Wargele)

2.2 lbs.   potatoes, cooked the day before
2–3 eggs
a pinch each of salt and nutmeg
about 4 oz. flour
    4 qt. boiling saltwater
lard for frying
Alternative serving suggestion
1–2 eggs
2–3 tbsp. sweet cream

Peel potatoes, grate fine. Add eggs, salt, nutmeg
and just enough flour until the mixture holds together (this depends on the sort of potato). Knead
mixture thoroughly, form a roll, cut into slices. On
a floured board form into small finger-sized rolls.
Boil the *Schupfnudeln* in slightly salted water until
they rise to the surface. It is a good idea to test
one *Schupfnudel* before continuing. If it falls apart
in the water, put a little more flour into remaining
mixture. Drain *Schupfnudeln*, then fry in clarified
butter or lard until crisp. Serve with Sauerkraut or
pot-roast.
Or, place well drained *Schupfnudeln* in greased
baking-dish, beat eggs, mix in cream and pour
over *Schupfnudeln*. Preheat oven to 400 degrees
and bake for about 20 minutes until golden
brown.
The back and forth movement used to roll out
the potato mixture is called – depending on the
region – *Schupfen* or *Wargeln*.

Sour potato slices
(Potato wheels)

2 lbs. potatoes that cook to a hard consis-
    tency

For the sauce:
    1 ozs. butter or vegetable margarine
    2 ozs. flour
approx. $1^3/_4$ pints well-seasoned meat stock
2–3 tbsp. wine vinegar
    1 bay leaf
    2 cloves, 4–6 peppercorns
half a glass of white wine (Riesling or Kerner)

For final seasoning:
salt and fresh marjoram leaves

Peel the potatoes, cut them into fine slices and
steam them until they are just done. Pour away
the water, fill the potatoes into a pre-heated dish.
Melt the butter or margarine, add the flour and
mix to a brown roux. Quench with meat stock,
add the vinegar and the seasoning, and simmer
the sauce for 20 minutes at low heat.
Sieve the sauce, mix in the wine and season the
sauce to taste.
Add the potato slices, heat up with care and
serve.

Alternatively, leave out the marjoram and season
the potatoes with 4 tablespoons of chopped
onions well cooked in meat stock, plus chopped
parsley.

The potato wheels may be served with lettuce
alone or also with boiled beef.

---

*   Reprint from an old Swabian Cookbook: "Oekonomisches
    Handbuch für Frauenzimmer", Stuttgart 1817.

Linsen, Spätzle, Saiten
Lentils, Spätzle *and sausages*

Linsen, Spätzle, Saiten

Spätzle

Linsengemüse:
400 g Linsen, neue Ernte
Wasser, 2 Lorbeerblätter
40 g geräucherter, durchwachsener Speck
50–60 g Mehl
1 Zwiebel
1 Gelbe Rübe, 1 Stück Lauch
ca.$^{1}/_{4}$ l Fleischbrühe
2–3 EL Weinessig
Salz und Pfeffer
Spätzle, siehe Seite 28
Saiten vom Metzger, ersatzweise Wiener
        Würstchen

Die Linsen unter fließendem Wasser in einem Sieb überbrausen. Dann mit reichlich Wasser und den Lorbeerblättern aufsetzen und ca. 45 Minuten kochen – die Linsen sollten vom Kochwasser gut bedeckt sein.
Den Speck fein würfeln und auslassen. Darin das Mehl anrösten, bis es eine gelbbräunliche Farbe angenommen hat.
Die Zwiebel, Gelbe Rübe und den Lauch sehr fein hacken, kurz mit andünsten, dann die abgetropften Linsen zugeben und mit Fleischbrühe ablöschen. Mit Essig abschmecken und die Linsen gut durchkochen. Mit Salz und Pfeffer würzen.
Dazu gibt es Spätzle, Saiten oder ein gutes Rauchfleisch, das man auch kurze Zeit in den Linsen mitkochen kann.
Wer möchte, kann auch etwas frischen Knoblauch zu den kleingehackten Gemüsen geben – das macht das Gericht leichter verdaulich.Die Fleischbrühe kann auch durch einen Rotwein ersetzt werden – dann beim Abschmecken mit Essig vorsichtig sein.

Anmerkung: Ältere Linsen sollten über Nacht in viel Wasser eingeweicht und am nächsten Tag mit frischem Wasser gekocht werden. Keinesfalls Salz zugeben das verlängert die Kochzeit!

500 g Weizenmehl
4–5 Eier
1 TLSalz
$^{1}/_{8}$–$^{1}/_{4}$ l Wasser
evtl.1 TLÖl für das Kochwasser,
heißes Wasser zum Schwenken
8 Portionen als Beilage

Das Mehl sieben, mit den Eiern und dem Salz in eine Schüssel geben. Unter Rühren nach und nach das Wasser zugeben und den Teig mit einem Kochlöffel (oder dem elektrischen Handrührgerät) so lange kräftig schlagen, bis kein Teigrest mehr am Löffel hängenbleibt, wenn er zur Probe in die Höhe gehalten wird. Den Teig für kurze Zeit ruhen lassen, dann nochmals gut durcharbeiten.
Ein Spätzlesbrett, dieses Brett ist nach vorne etwas abgeschrägt, mit Wasser benetzen, eine kleine Menge Teig daraufstreichen und mit einem breiten Messer oder Schaber dünne Teigstreifen in das schwach sprudelnde Kochwasser schaben. Während des Schabens das Brett und das Messer immer wieder in das sprudelnde Wasser tauchen das erleichtert die Arbeit! Schwimmen die Spätzle an der Oberfläche, mit einem Schaumlöffel herausnehmen und kurz im heißen Wasser schwenken, dann kleben die Spätzle hinterher nicht zusammen. Die fertigen Spätzle gut abtropfen lassen, auf eine vorgewärmte Platte legen und rasch servieren.
Früher wurde in manchen Familien Molke zum Anrühren des Teiges verwendet. Die Molke ist eigentlich ein Abfallprodukt, das beim Herstellen von Quark und Käse anfällt. Durch die Molke bekamen die Spätzle eine lockere Struktur.
Die fertigen Spätzle können mit Butter, leicht gerösteten Semmelbröseln oder fein geschnittenen, braun gebratenen Zwiebelringen oder Speckwürfeln überschmälzt werden.

Lentils, Spätzle *and sausages*

Spätzle

Lentil vegetables:
14 oz. lentils,* new harvest
water, 2 bay leaves
1 1/2 oz. smoked lean bacon
1/2 c. flour
1 onion
1 carrot, one piece of leek
about 1/7 cup broth
2–3 tbsp. wine vinegar
salt and pepper
Spätzle, see page 29
Wiener sausages or hot dogs

Put lentils with plenty of water on stove to boil.
and cook for about 45 minutes – lentils should be
well covered by water. Dice bacon and fry until
translucent. Brown flour slightly in bacon fat.
Chop onion, carrot and leek, cook briefly with
bacon and flour, then add drained lentils and
broth. Flavor with vinegar and cook thoroughly.
Season with salt and pepper.

Serve with Spätzle and sausages or with a
generous slab of smoked bacon, which you can
cook together with lentils for a short time. Optional:
You can add some fresh garlic to chopped vegetables – this makes the meal easier to digest.

You can also substitute red wine for broth – in this
case be careful when flavoring with vinegar.

1 lb. wheat flour
4–5 eggs
1 tsp. salt
1/3–1/2 c. of water, depending on type of flour
1 tsp. oil
hot water for tossing

In mixing bowl mix flour, eggs and salt. Add
water little by little and keep stirring until smooth.
With a wooden spoon (or with a mixer) beat
dough until nothing remains on spoon when
holding it up. Allow dough to rest for a short time,
then again work it thoroughly. Moisten a *Spätzle*
board (a wooden board with a handle on one side
and a beveled edge on the other), with water,
spread a little dough on it and scrape off the
beveled edge with a broad knife into slightly
boiling water. While scraping, dip board and knife
time and again into boiling water – this makes
work easier! When *Spätzle* rise to the surface take
them out with a skimmer and toss them briefly in
hot water, so that they won't stick together. Drain
Spätzle well, place them on a preheated plate and
serve quickly.
In former times, some families used whey instead
of water for making dough. Whey actually is a
waste product that is obtained when producing
curd and cheese. The whey gave the *Spätzle* a
lighter consistency.
Spätzle are served either with melted butter and
with slightly toasted breadcrumbs or with finely
cut, fried onion rings or with diced bacon.
Spätzle taste especially good if the dough is prepared only with eggs (about 8–9 eggs) instead of
water – these *Spätzle* made of eggs will make a
great meal! As a side-dish this quantity makes
about 8 portions, for a main course – e. g. *Käs-
spätzle* – about 4 portions.

---

* Note Older: Lentils should be soaked in plenty of water over
night and cooked the next day in fresh water. On no account
add salt – this prolongs cooking time.

Maultaschen

Nudelteig:
  3 Eier, etwas Salz
  je Ei eine halbe Eischale Wasser
  360–400 g Weizenmehl

Die Eier mit etwas Salz und dem Wasser verquirlen. Das Mehl in eine Schüssel sieben, in der Mitte eine Vertiefung formen und die Eier hineingießen. Alle Zutaten von der Mitte her vermischen, aus der Schüssel nehmen und den Teig auf dem Backbrett so lange kneten, bis er beim Durchschneiden kleine Löchlein zeigt. (Der Teig kann auch in der Küchenmaschine geknetet werden.)
Je nach Beschaffenheit des Mehles evtl. noch etwas Wasser oder ein Eiweiß unterkneten. Der Teig darf jedoch nicht zu weich sein. Eine Kugel formen und mit einer erwärmten Schüssel bedecken und ruhen lassen, währenddessen die *Füllung* zubereiten:

400 g frischer Spinat
Salzwasser, 20 g Speckwürfel,
  20 g Butter
  1 kleine Zwiebel, fein gehackt
  1 Bund Petersilie, fein gehackt
  3–4 trockene Brötchen, Rinde abgerieben
  150 g gekochter Schinken oder kalter Braten,
    würfelig geschnitten
  250 g Bratwurstbrät oder Hackfleisch
  2–3 Eier
  je 1 Prise Salz, Pfeffer und Muskat
kochendes Salzwasser oder Fleischbrühe

Den Spinat gut putzen, waschen und in kochendem Salzwasser kurz blanchieren. Kalt abschrecken, abtropfen lassen und nicht zu fein hacken. Die Speckwürfel in Butter anschwitzen, Zwiebelwürfelchen und Petersilie mitdünsten und abkühlen lassen. Die aitbackenen Brötchen einweichen, gut ausdrücken und zerpflücken. In einer großen Schüssel diese Zutaten mit dem Schinken und

dem Brät vermischen, die Eier unterarbeiten und mit Salz, Pfeffer und Muskat würzen. (Wenn Hackfleisch verwendet wird, so sollte dieses mit den Speck- und Zwiebelwürfelchen so lange gedünstet werden, bis es eine graue Farbe hat.)
Den Nudelteig portionsweise auf einer bemehlten Unterlage auswellen (ausrollen) entweder in längliche, etwa 20 cm breite Streifen oder in runde Nudelflecke schneiden. Die Füllung gleichmäßig auf eine Hälfte der Teigstreifen streichen oder kleine Häufchen aufsetzen, die unbestrichene Teighälfte darüberklappen, den Teig gut andrücken und so verfahren, bis alles verbraucht ist.
Nun nicht zu große Recht- oder Vierecke davon abrädeln, in strudelndes Salzwasser oder Fleischbrühe einlegen und je nach Größe ca. 10 bis 15 Minuten darin ziehen, nicht kochen, lassen.
Die fertigen Maultaschen können in der Brühe mit gerösteten Semmelbröseln und Petersilie oder mit Zwiebelringen serviert werden: 20 g Butter zerlassen, 2 Esslöffel feine Semmelbrösel darin leicht anrösten sowie einen Bund Petersilie klein hacken und darüber anrichten.
Oder eine in feine Ringe geschnittene Zwiebel in Butter braun braten und über die Maultaschen geben. Dazu schmeckt ein „schlonziger" Kartoffelsalat, das ist ein relativ nasser Kartoffelsalat, angemacht mit fein gehackter Zwiebel, Salz, Pfeffer, guter Fleischbrühe und vielleicht auch etwas Kochwasser von den Maultaschen, Essig und Sonnenblumenöl, Rezept Seite 48.
Übrig gebliebene Maultaschen können am nächsten Tag, in daumendicke Streifen geschnitten, in Fett angebraten werden. Eier mit etwas Milch verrühren, darübergießen und stocken lassen. Mit gehackter Petersilie bestreuen. Dazu schmeckt grüner Salat oder Kartoffelsalat, vermischt mit Endivienstreifen.

Stuffed noodles

Noodle dough:

3 eggs, a pinch of salt
for each egg half an eggshell water
$1^1/_2$–$1^3/_4$ c. wheat flour

Mix eggs with salt and water. Sift flour into a bowl, make a hollow in the middle and break eggs into it. Blend all ingredients starting from the middle, take out of bowl and knead dough on a board until air pockets can be seen when dough is cut. (Dough can also be kneaded with dough mixer.) Depending on composition of flour (the dough may be too thick), add a little water or an egg-white. Dough should not be too soft. Form a ball, place on a board, cover with cloth or a dish, and allow to rest; meanwhile prepare filling:

14 oz. fresh spinach
saltwater
$1^1/_2$ tbsp. diced bacon
$1^1/_2$ tbsp. butter
1 small onion, finely chopped
3–4 stale rolls, crust removed
5 oz. ham or cold meat, diced
9 oz. sausage meat or ground meat
2–3 eggs
a pinch each salt pepper and nutmeg
boiling saltwater or meat broth

Clean spinach well, wash and blanch it briefly in boiling saltwater. Rinse with cold water, allow to drain and chop (not too fine). Braise bacon in butter for a short time, add diced onion and parsley, braise again and let cool. Soak stale rolls in water until soft, press water out well and pull to pieces. In a big bowl mix these ingredients with ham and sausage meat, fold in eggs and season with salt, pepper and nutmeg. Taste meat mixture – season again if required. (When using ground meat, braise it together with bacon and diced onion until it becomes grey in color). On floured kitchen table or board roll out noodle dough in portions either in elongated strips of about 8 inches breadth or in rounds. Spread filling evenly on one half of strips or put on little heaps, fold over other half of strips and press edges of dough together. Do so until all filling is used up. Now cut into not too big rectangles or quadrilateral rectangles using a cookiecutter, put in boiling saltwater or meat broth and allow to simmer (not boil) for about 10–15 minutes depending on size. The ready cooked *Maultaschen* can be served in broth with toasted bread crumbs and parsley or with onion rings: melt 1 tbsp. of butter, toast 2 tbsp. of bread crumbs as well as 1 bunch of finely chopped parsley in it and garnish soup. Or, slice an onion and fry the rings in butter until brown and serve over soup. Maultaschen are also good with Swabian potato salad, dressed with good meat broth, finely chopped onion, salt, pepper and – if available – some cooking water from *Spätzle*, vinegar and oil, see page 49.

If there are any *Maultaschen* left over, they can be used the next day. Cut *Maultaschen* in one inch slices, fry in fat, add eggs with some milk (lightly beaten), allow to thicken. Sprinkle with chopped parsley. Good served with some lettuce or potato salad with endive strips.

Schwäbischer Rostbraten
Swabian roast steak

Schwäbischer Rostbraten

4 Scheiben Rostbraten je ca. 180–200 g
Salz und frisch gemahlener Pfeffer
zerlassene Butter oder gutes Speiseöl
4 mittelgroße Zwiebeln
Butterschmalz zum Braten
1 Schuss Rotwein
4 EL süße Sahne

Die Fleischscheiben leicht klopfen und den Rand
mehrmals einkerben (damit sich das Fleisch beim
Braten nicht hochwölbt). Mit Salz und Pfeffer
sparsam würzen und mit etwas Butter oder Öl be-
pinseln. Auf den heißen Rost – wie in alten Rezep-
ten – legen und rasch von beiden Seiten anbraten.
Je nach Geschmack den Rostbraten „englisch"
oder durchbraten. Fühlt sich das Fleisch beim
Druck mit der Fingerspitze elastisch an, so ist es
innen noch blutig. Je fester es sich anfühlt, desto
durchgebratener ist es.
Die Zwiebeln in feine Ringe schneiden und im heißen Bratfett in der Pfanne schön kross braten.
Über den Rostbraten anrichten.. Es empfiehlt sich
in jedem Falle, die Zwiebeln separat zu braten.
Man kann den Rostbraten auch in einer schweren
(schmiede- oder gusseisernen) Pfanne zubereiten:
Die Fleischscheiben leicht klopfen, einkerben.
Rostbraten im heißen Butterschmalz rasch von
beiden Seiten anbraten, dann pro Seite noch 3 bis
4 Minuten weiterbraten. Mit Salz und Pfeffer würzen, aus der Pfanne nehmen und auf einer Platte
bedeckt warm halten.
Den Bratfond mit wenig Rotwein aufkochen, kurz
einkochen und die Sahne unterrühren, abschmecken. Dieses kurze Sößle zu dem Rostbraten servieren.
Rostbraten kann mit Bauernbrot oder mit Sauerkraut und Spätzle oder nur mit Spätzle und Salat
serviert werden.

Gefüllte Kalbsbrust

1,5 kg Kalbsbrust, vom Metzger ausgelöst
und vorbereitet
250 g   Kalbsknochen klein gehackt
80 g   Butter (zerlassen)
1 Zwiebel, 1 gelbe Rübe
Salz, Pfeffer

für die Fülle:
3 alte Semmeln
1/2 fein geschnittene mittelgroße Zwiebel
40 g Butter, Petersilie
2 Eier, $\frac{1}{8}$ 1 Milch
fein abgeriebene Schale von einer un-
gespritzten Zitrone
Muskatnuss, Salz

Die Kalbsbrust innen und außen gut mit Salz und
Pfeffer einreiben. Die Semmeln klein schneiden
und mit der in Butter angeschwitzten Zwiebel, der
klein gehackten Petersilie, den in Milch verquirlten
Eiern und Zitronenschale sowie den Gewürzen gut
vermengen und eine Viertelstunde ruhen lassen.
Die Masse nicht zu fest in die Brusttasche füllen
und die Brust zunähen.
Die Kalbsknochen in einen Bräter geben, die Brust
mit der Oberseite nach unten darauf legen, mit
der zerlassenen Butter bestreichen und bei starker
Hitze (ca. 250°C) kräftig anbraten. Die Hitze nach
einer Viertelstunde reduzieren, die geviertelte
Zwiebel und in Scheiben geschnittene gelbe Rübe
zugeben und seitlich etwas Wasser angießen.
Nach einer halben Stunde die Brust umdrehen
und unter ständigem Begießen (da sonst die Brust
austrocknet) eine weitere Stunde fertig braten.
Darauf achten, dass die Kalbsbrust nicht zu dun-
kelbraun wird. Vor dem Anschneiden eine halbe
Stunde im ausgeschalteten, geöffneten Backrohr
ruhen lassen.
Zur Kalbsbrust isst man am besten Kartoffelsalat.

Swabian roast steak

4 slices rib steak, each about 6–7 oz.
salt and freshly ground pepper
melted butter or good cooking oil
4 middle-sized onions
lard when frying in skillet
a glass of red wine
4 tbsp. sweet cream
Preheat oven to 475 °F

Beat meat slices slightly and score edges so meat won't cup when frying. Season sparingly with salt and pepper and brush with some butter or oil. Put on grill in oven and sear on both sides. Depending on preference roast meat rare or well done. To test press meat with fingertip. If it feels elastic, it is still rare, the firmer it feels the more it is well done! Cut onions in thin rings and fry crisp in hot lard in pan. Arrange on top of meat. It is recommended to fry onions separately.
You can also fry the steaks in a heavy (castiron) skillet: beat meat slices slightly, notch edges. Sear quickly in hot lard on both sides, then continue frying 3 to 4 minutes on each side. Season with salt and pepper, take out of skillet and keep in warm place. Boil meat juices together with glass of red wine, allow to thicken and stir in sweet cream. Serve this sauce with the steaks.
You can serve Swabian Rostbraten with coarse rye bread or with *Sauerkraut* and *Spätzle* or with *Spätzle* and salad.

Stuffed breast of veal

3 lbs. breast of veal
(deboned and prepared by butcher)
8 oz. calf's bones, chopped
5 tbsp. clarified butter
1 onion
1 carrot
salt, pepper

For the stuffing:
3 stale rolls
$1/2$ onion, finely chopped
3 tbsp. butter
2 tbsp. parsley, finely chopped
2 eggs, $1/2$ cup milk
1 tsp. grated lemon peel (untreated)
nutmeg, salt to taste

Preheat oven to 450 °F. Rub breast of veal inside and outside with salt and pepper. Set aside while preparing the stuffing. Cut the rolls into slices. Melt the butter and fry the finely chopped onion until translucent. Beat the eggs and milk together. Mix together well the beaten eggs, sauteed onion, parsley, lemon peel, spices, and bread slices. Leave mixture for 15 minutes. Stuff the veal breast with this mixture, and tie the breast together with strong cotton twine. Wash and dry calf's bones, put into roasting pan and place stuffed breast of veal on top. Brush with clarified butter and put into preheated oven (480 °F.). After 15 minutes, reduce heat to 400 °F., add quartered onion, sliced carrot and a little hot water. After 30 minutes, turn veal over. Keep roasting breast, frequently basting it with its own juices, for a total of $1^3/4$ to 2 hours, until it is golden brown. Leave for 30 minutes in oven, with oven door open, before carving.
Serve with potato salad or green salad.

Metzelsupp · Butcher's broth

Metzelsupp

Eine gute Metzelsupp kann die Lebensgeister wieder aufrichten – schon der Dichter Ludwig Uhland wusste dies und widmete deshalb ein Gedicht dieser einfachen, aber guten Speise! Die Metzelsupp ist eigentlich ein „Abfallprodukt", das beim Schlachten anfällt. Die Voraussetzung für eine gute Metzelsupp ist einmal, dass frisch geschlachtet wird, und zum anderen, dass ein paar Blut- und Leberwürste „aus Versehen" platzen, damit die Suppe nicht gar zu dünn ist!

Einen großen Wurstkessel (etwa so groß, wie früher die Waschkessel waren) zur Hälfte mit Wasser füllen und zum Kochen bringen. Da hinein kommen nacheinander Knochen (es darf noch Fleisch dran sein!), Speck, Fleisch und Schwarten etc. Kleinere Stücke in ein Netz einlegen, man kann sie später besser herausfischen. Dazu kommt Suppengrün ebenfalls in einem Netz –, und zwar

4–5 Stangen Lauch (Porree)
500 g Gelbe Rüben
1 Sellerieknolle
2–3 Petersilienwurzeln
1 kg Zwiebeln

alles grob zerschnitten. Dieses Gemüse gart etwa eine Stunde mit. Die Zwiebeln können anschließend zur Wurstherstellung verwendet werden.

In die Brühe kommen dann die Kochwürste wie Leberwurst, Blutwurst. Dabei darauf achten, dass die Temperatur im Wurstkessel 80 °C nicht überschreitet (evtl. etwas kaltes Wasser zufügen), die Würste platzen sonst! Während des Garens die Würste immer wieder unter die Oberfläche drücken und eventuell mit einer Stopfnadel einige Male einstechen, damit sich die Einlage gleichmäßig verteilt. Die Würste

sind nach ca. 1 bis 2 Stunden gar – je nach Dicke. Die Menge Metzelsupp, die serviert werden soll, aus dem Wurstkessel entnehmen und eventuell noch einmal mit Suppengrün und Lorbeerblatt ca. 30 Minuten kochen. Dann das Gemüse entfernen, die Suppe mit Salz, Pfeffer und Majoran abschmecken und in Teller füllen. Schwarzbrotwürfelchen in Schweineschmalz anrösten und zusammen mit frischen Schnittlauchröllchen über der Metzelsupp anrichten. Dazu schmeckt ein frisches Holzofenbrot.

So säumet denn, ihr Freunde, nicht, die Würste zu verspeisen, und lasst zum würzigen Gericht die Becher fleißig kreisen! Es reimt sich trefflich Wein und Schwein, und passt sich köstlich Wurst und Durst; bei Würsten gilt's zu bürsten.

Auch unser edles Sauerkraut, wir sollen's nicht vergessen; ein Deutscher hat's zuerst gebaut, drum ist's ein deutsches Essen. Wenn solch ein Fleischchen weiß und mild im Kraute liegt, das ist ein Bild wie Venus in den Rosen.

Und wird von schönen Händen dann das schöne Fleisch zerleget, das ist, was einem deutschen Mann gar süß das Herz beweget. Gott Amor naht und lächelt still und denkt: „Nur daß, wer küssen will, zuvor den Mund sich wische!"

Ihr Freunde, tadle keiner mich, dass ich von Schweinen singe! Es knüpfen Kraftgedanken sich oft an geringe Dinge. Ihr kennt jenes alte Wort, ihr wisst., Es findet hier und dort ein Schwein auch ein Perle.

Aus dem „Metzelsuppenlied"
von Ludwig Uhland

Butcher's broth

A good *Metzelsupp* can revive your spirits. The poet Ludwig Uhland already knew this and therefore dedicated a poem to this simple but good meal! *Metzelsupp* is an accidental product obtained when slaughtering. Essential for a good *Metzelsupp* is freshly slaughtered pork and that a few of the blood and liver sausages burst in the soup.

Fill half of a big sausage boiler (about as big as the wash boilers used to be in former times) or any other big pot with water and bring to a boil. Add bones (there can still be some meat on them), uncured bacon, pork and pork rind and, if available, pig's knuckles. Put smaller pieces in a net for easier removal. Add, also in a net: 4–5 leeks, 1 lbs. carrots, 1 celery root, 2–3 parsley roots and 2 lbs. onions, all coarsely chopped, and cook for about 1 hour. In this broth cook freshly made liver sausages* (see p. 36) and blood sausages* (see p. 45) keeping an eye on temperature – it must not exceed 350°F (if necessary add some cold water) – since otherwise the sausages will burst. It is however desired that at least one or two of the blood and liver sausages burst to add to the taste of the soup. To achieve this result puncture with needle when sausages are almost done. Season soup with salt, pepper and marjoram and ladle into soup plates. Garnish with croutons of brown bread and finely chopped chives.

Serve meat separately with *Sauerkraut* und mashed potatoes or *Spätzle*.

One of the most popular poems of Ludwig Uhland, the famous nineteenth century Swabian poet whose 200th birthday was celebrated in 1987, is the *Metzelsuppenlied*, the "Song about the Butcher's Broth".

Uhland in this poem not only makes clear that swine rhymes with wine and wurst with thirst, but elevates the profane even further, when in his lines

Wenn solch ein Fleischchen weiß und mild
im Kraute liegt, das ist ein Bild
wie Venus in den Rosen

he compares a slab of pork laying on a bed of Sauerkraut with "Venus in den Rosen" or Venus in the roses. A turn of phrase that goes back to the times of the *Minnesänger*, the troubadours of the middle ages.

In any other but Uhland's words such a comparison would – to say the least – be more than risky. Uhland manages to evoke two contrasting pictures in these three lines. One of earthy lust the other of sublime beauty.

He must have felt however that his analogy was likely to cause critical reactions and that its poetic substance was somewhat questionable, since in his last verse he says:

Pray, my friends, don't scold me now
When of pigs I sing;
There have at times been stronger thoughts
Tied to a lesser thing
And, without doubt, you are aware
That on occasion here and there
Even a swine may find a pearl.

---

* Fresh blood and liver sausages are available at almost every German butchershop on Tuesdays.

33

*Sauerkraut mit Kesselfleisch und
Leber-/Griebenwurst*

*Sauerkraut with boiled pork
liver and blood sausages*

Sauerkraut mit Kesselfleisch und Leber-/Griebenwurst

Leberwürste

500 g Schweinebauch, -bug oder -hals, auch halbierter Schweinskopf oder Häxle
½ l Fleischbrühe
1 Zwiebel, grob zerschnitten
1 kg frisches Sauerkraut (z. B. Filderkraut)
50–60 g Schweineschmalz
evtl. einige Schinkenabschnitte
1 große Zwiebel fein geschnitten
1 Kartoffel
Wacholderbeeren oder Kümmel
2–3 Lorbeerblätter
Apfelsaft oder Weißwein zum Angießen
Griebenwurst, siehe Seite 40

750 g durchwachsenes Schweinefleisch
250 g fetter, ungeräucherter Speck
1½–2 l Wasser, 1 EL Salz
1 Spickzwiebel (mit 4 Nelken)
2 Lorbeerblätter einige Pfefferkörner, zerdrückt
500 g frische Schweineleber
1 geriebene Zwiebel
Salz und frisch gemahlener Pfeffer
1 TL gerebelter Majoran
je ½ TL Piment und Thymian gemahlen
gereinigte Schweinedärme

Das Fleisch waschen, in daumendicke Scheiben schneiden, in die mit Zwiebelstücken angereicherte Brühe einlegen und ca. 40–50 Minuten sanft kochen. Das Fleisch aus der Brühe nehmen, einen Viertelliter der Brühe für das Kraut weiterverwenden.

Das Sauerkraut etwas kürzer schneiden. In einem innen emaillierten Topf das Schmalz zerlassen, Schinkenstückchen oder Speckwürfel und Zwiebelwürfel darin glasig werden lassen. Das Kraut zugeben, kurz anschwitzen und mit Fleischbrühe angießen. Die Kartoffel schälen, fein reiben und unter das Kraut mischen. Je nach Geschmack Wacholderbeeren und Lorbeerblätter oder nur Kümmel zugeben. Die Fleischscheiben auf das Kraut legen, den Deckel schließen und das Kraut auf kleiner Flamme ca. 2 bis 3 Stunden kochen. In regelmäßigen Abständen das Kraut etwas auflockern, Apfelsaft oder Weißwein zugießen – Kerner eignet sich gut, aber auch ein Riesling ist empfehlenswert.

Wird das Kraut ohne Kesselfleisch gekocht, zur Geschmacksabrundung einen Apfel in Stückchen unter das Kraut mischen.

Kesselfleisch mit Senf und Pfeffer servieren.

Das Schweinefleisch etwa 45 Minuten, den Speck ca. 20 Minuten in dem mit Spickzwiebel und Gewürzen versehenen Salzwasser kochen. Die Leber häuten, putzen (Adern entfernen) und in Scheiben schneiden. In ein Sieb legen und einige Male in die kochende Brühe eintauchen, insgesamt etwa 3 bis 4 Minuten.

Das Fleisch und die Leber durch den Fleischwolf (feine Scheibe) drehen, den Speck sehr klein würfeln. Alle Zutaten in eine Schüssel geben und soviel durchgesiebte Kochbrühe zugeben, bis eine dickflüssige Masse entsteht. Sollte die Masse zu dünn geraten, so können 2 bis 3 altbackene Brötchen (die Kruste abreiben, Brötchen in feine Scheiben schneiden, kurz mit heißem Wasser befeuchten und ausdrücken, dann zerrupfen) untergemengt werden. Die geriebene Zwiebel und die Gewürze zufügen, gut abschmecken. Die Wurstmasse in gut gereinigte Därme (kann man im Fleschereibedarfsgeschäft bekommen) drei Viertel hoch einfüllen und die Würste abbinden. Mit einer Stopfnadel mehrmals einstechen und in leicht gesalzenem Wasser oder in der Metzelsupp (siehe S. 32) bei 80 °C in ca. 30 bis 45 Minuten garen.

Sauerkraut with boiled pork liver and blood sausages

1 lb. lean unsmoked bacon, pork shoulder, neck or possibly half of hog's head or pig's knuckles
$1/_2$ qt. broth
1 onion, coarsely chopped
2 lbs. fresh Sauerkraut
3–4 tbsp. lard

optional:

some ham trimmings or diced bacon
1 big onion, finely chopped
1 potato
juniper berries or carawayseed
2–3 bay leaves
apple juice or white wine
Blood sausages, see page 41

Wash meat, cut into one inch thick slices, and place in broth with onion pieces, and cook gently for about 40–50 minutes. Take meat out of broth, put aside and use part of broth to cook *Sauerkraut*.

Melt lard in an enameled pot, cook ham trimmings or diced bacon together with diced onion until translucent. Add *Sauerkraut*, cook briefly and pour meat broth over it. Peel potato, grate finely and add to *Sauerkraut* According to taste add juniper berries and bay leaves or caraway seeds only. Lay meat on top, cover with lid and cook for 2 to 3 hours on low heat. At regular intervals loosen *Sauerkraut* with a fork. Add apple juice or dry white wine, preferably a German Riesling. If *Sauerkraut* is cooked without pork, add an apple, cut in little pieces, to smoothen taste.

Serve boiled pork with mustard and pepper.

Liver sausages

$11/_2$ lbs. fresh marbled pork
$1/_2$ lb. fat unsmoked bacon
$11/_2$–2 qt. water,
1 tbsp. salt
1 onion studded with 4 cloves
2 bay leaves
some peppercorns, crushed
1 lb. fresh pork liver
1 grated onion
salt and freshly ground pepper
1 tsp. ground marjoram
$1/_2$ tsp. each ground pimento and thyme
cleaned sausage casings

For cooking:

slightly salted water or *Metzelsupp* (page 33)

Cook pork in saltwater together with onion and spices for about 45 minutes, cook bacon for about 20 minutes. Skin liver, clean and devein and cut in slices. Lay in sifter and dip in cooking broth several times for about 3 to 4 minutes. Mince pork and liver with meat grinder (use fine blade), dice bacon very small. Put all ingredients in a bowl and add strained cooking broth until a syrupy mixture forms. If mixture should turn out too thin, fold in 2 to 3 stale rolls (grate off crust, cut in thin slices, moisten shortly with hot water and squeeze, then pull to pieces). Add grated onion and spices, flavor well. Fill with three quarters of sausage mixture thoroughly cleaned sausage casings (you can get them in the butcher's shop) and tie sausages up.

Puncture several times with a needle and cook in salted water or in *Metzelsupp* (see page 33) for about 30 to 45 minutes at 175 °F. From time to time push sausages under surface, so that they cook evenly.

Flädlesuppe · Beef broth with pancake strips

Griebenwurst

Flädlesuppe

Für etwa 10 kg Wurst:
  2 kg Schweineschwarten mit Speckschicht
  5 kg Schweinebacken und Rüssel, evtl. vorgepökelt
reichlich Kochwasser, evtl. Salz
  1 kg frische Schweineleber
  1 kg Schweineblut
evtl. Antigerinnungsmittel für das Blut
  1 kg Brühe

pro Kilo Wurstmasse:

18 g	Salz, wenn das Fleisch nicht gepökelt war
3–5 g	schwarzer Pfeffer, gemahlen
5 g	Piment, gemahlen
je 5–8 g	Majoranpulver und Glutamat

gut gereinigte Schweinedärme

Die Schwarten ca. 1½ Stunden, Schweinebacken und Rüssel ca. 1 Stunde in Wasser (falls vorgepökelt, kein Salz zugeben) kochen. Das Fleisch sollte auf Daumendruck elastisch nachgeben. Die Leber nur 30 Minuten mitkochen. Die Schwarten im Blitzhacker zu einem feinen Brei verarbeiten (die Masse sollte wie Pudding sein), Schweinebacken und Rüssel durch die feine Scheibe des Fleischwolfs treiben. Die Leber in sehr kleine Würfel schneiden. Den Schwartenbrei auf genau 40 °C erhitzen, das gut gerührte Blut zugeben (will man sicher gehen, dass es nicht gerinnt, ein entsprechendes Mittel zusetzen), den Fleischbrei und die Brühe sowie die Leberstückchen unterarbeiten. Mit den Gewürzen gut abschmecken und die Masse in gereinigte Därme nicht zu prall einfüllen. Die Würste abbinden und evtl. stupfen (siehe auch S. 36). Im 75–80 °C heißen Wasser ca. 45 Minuten kochen. Danach kurz in kaltes Wasser tauchen, damit der Darm nicht hart wird, und frisch zu Sauerkraut servieren.

150 g Weizenmehl
knapp ¼ l Milch
1–2 Eier
  1 Prise Salz

zum Ausreiben der Pfanne:
  1 Stück Speck oder Speckschwarte

außerdem:
  1 l gute Fleischbrühe
  1 Bund Schnittlauch

Aus Mehl, Milch, den Eiern und der Prise Salz einen glatten, nicht zu dicken Teig rühren. Eine schwere Bratpfanne stark erhitzen, mit Speck ausreiben, einen kleinen Schöpflöffel Teig hineingeben, verlaufen lassen und dünne Pfannküchle – Flädle – backen. So verfahren, bis der ganze Teig verbraucht ist. Die Flädle abkühlen lassen, halbieren und in dünne Streifen schneiden. In klare, sehr heiße Fleischbrühe einlegen und sofort servieren. Mit Schnittlauchröllchen bestreuen.

Flädle sind ein Bestandteil der bekannten „Schwäbischen Hochzeitssuppe". Je nach Landstrich kommen noch Grießklöße, Markklöße und Brätklöße oder Leberklöße, kleine Maultäschle oder Backerbse, Eierstich und Leberknöpfle mit in die gute Suppe. Da in früheren Zeiten Vorschriften des Landesvaters auch Tauf- oder Hochzeitsessen reglementierten, fielen die einzelnen Gänge eben besonders reichlich aus – so wurden die Vorschriften zu Gunsten des Essers ausgelegt!

Blood sausage

For about 20 lbs. sausage:
   4 lbs. porkrind with some bacon on it
   10 lbs. pig's cheek and snout, possibly salted
plenty of salted water
   2 lbs. fresh pig's liver
   4 c(s). of fresh pig's blood
optional: anticoagulation substance
   4 c(s). broth
per kilo sausage mixture:
 0.6 oz. salt (if meat wasn't salted before)
   1 pinch black pepper
   1 pinch ground pimento
   1 pinch marjoram powder
   1 pinch glutamate
well cleaned sausage casings

Cook rind for about 1$1/_2$ hours, pork cheek and snout about 1 hour in water (don't add salt if meat was salted before). When pressing with thumb meat should be elastic. Cook liver only for 30 minutes together with other meat. Use kitchen machine to make ground meat from rind (mixture should be like mash), work pork cheek and snout through fine blade of meat grinder. Cut liver in very small squares. Heat up rind mixture to 110 degrees, add well stirred blood (to make sure that blood won't coagulate, add corresponding preparation), mix in ground meat, broth and little liver pieces. Flavor with herbs and spices and fill clean sausage skins with mixture, but not too full. Tie up sausages and perhaps puncture with needle. Cook in 175-degree hot water for about 45 minutes. After that dip them shortly in cold water so that skin will not get too hard and serve fresh with *Sauerkraut*. It is absolutely important that rind mixture is 110 degrees, if temperature is higher, blood turns black!

Beef broth with pancake strips (Flädle)

   $2/_3$ c. wheat flour
just under $1/_2$ cup milk
1–2 eggs
pinch of salt

For greasing skillet:
piece of bacon or bacon rind

   1 qt. meat broth
a bunch of chives

Mix together flour, milk, eggs and salt and stir batter until smooth, but not too thick. Heat a heavy skillet until quite hot and grease with bacon. Pour small ladleful of batter into skillet, spread until skillet is covered and make thin pancakes – *Flädle*. Do so until all batter is used up. Cool *Flädle*, cut in half and then again in thin strips. Lay in very hot broth and serve immediately. Sprinkle with diced chives.

Flädle are one part of the *Swabian wedding soup*. Depending on the region semolina balls, beef marrow balls and sausage meat balls or liver dumplings, little stuffed noodles (*Maultäschle*) or small baked dumplings (*Backerbsen*), cooked-egg garnish and liver *Spätzle* (*Leberknöpfle*) are added. Since in former times the orders of the Sovereign also restricted the number of courses served at baptisms and weddings, the single courses were made especially generous – hence the many different dumplings in the wedding soup.

Saure Kutteln · Tripe in sour sauce

Saure Kutteln

1,25 kg vorgekochte Kutteln
400 g Zwiebeln
80–100 g Schweine- oder Butterschmalz
3/4 l Rotwein (Trollinger oder Lemberger)
1 Schuss Rotweinessig
1 mit 2 Nelken gespickte Zwiebel
2 Lorbeerblätter, 4–5 Wacholderbeeren
einige Pfefferkörner
Salz und frisch gemahlener Pfeffer
Mehlschwitze aus 20 g Butter, 40 g Mehl
4 EL Sauerrahm
Beilage:
Röstkartoffeln (Bratkartoffeln)

Die vorgekochten Kutteln in feine Streifen schneiden, sofern Ihr Metzger das noch nicht getan hat.
Die Zwiebeln klein würfeln, im heißen Fett anbraten, dann die Kuttelstreifen zugeben, kurz mit-
braten, Wein und Essig zugießen und die Gewürze
zugeben. Die Kutteln ca. 30–60 Minuten sanft
kochen (je nachdem, wie lange sie vorgekocht
waren – am besten einfach probieren). Die Spickzwiebel und die Lorbeerblätter aus der Soße nehmen, mit Salz und Pfeffer abschmecken. Vor dem
Anrichten die Mehlschwitze mit dem Sauerrahm
und etwas Soße verquirlen und unter die Kutteln
rühren. Röstkartoffeln zu den Kutteln servieren.
Kutteln, die man beim Metzger kaufen kann,
stammen aus den vier Teilen der Rindermägen. Jeder Teil sieht etwas anders aus – am bekanntesten
sind Pansen und Labmagen.
Nicht vorgekochte Kutteln werden mit Wasser, dem
ein gehackter Kalbsfuß und ein Teelöffel Natron
beigegeben sind, aufgesetzt. Das Natron bewirkt,
dass die Kutteln schön hell bleiben. Nach dem ersten Aufkochen wird das Wasser abgegossen und
durch neues ersetzt. Nach etwa 4–5 Stunden sind
die Kutteln dann soweit, dass sie wie oben be-
schrieben weiterverarbeitet werden können.

Ochsenmaulsalat

1 Ochsenmaul oder fertig gekochtes
Ochsenmaulfleisch, ausgelöst ca. 600 g

zum Kochen:
Wasser, 1 TL Salz, 1 halbierte Zwiebel

1 milde Gemüsezwiebel

zur Soße:
2–3 EL Weinessig oder
2 EL Weinessig und 1 TL Senf
Salz und weißer Pfeffer, frisch gemahlen
60 ml Ochsenmaul- oder Fleischbrühe
1–2 EL Sonnenblumenöl

Das mehrmals unter lauwarmem Wasser ab-
gewaschene Ochsenmaul mit Salz und der halbier-
ten Zwiebel in ca. 2 1/3 –3 Stunden weich kochen.
Noch warm ausbeinen (Knochen auslösen). Bis
zum Erkalten zwischen zwei Brettchen leicht
pressen.
Gekochtes Ochsenmaul in sehr feine Scheiben
schneiden. Die Gemüsezwiebel entweder in
halben Scheiben oder fein gehackt zugeben.
Die Soße anrühren, pikant abschmecken, mit dem
Ochsenmaul vermischen und zum Durchziehen
1 Stunde kühl stellen.
Zum Ochsenmaulsalat schmecken Bratkartoffeln
oder Bauernbrot.

Tipps: Beim Metzger gibt es fertig gegartes Ochsenmaulfleisch auf Vorbestellung.
Der fertige Salat kann in einem Steintopf im Kel-
ler, gut zugedeckt, etwa 1 Woche aufbewahrt
werden. Dann das Öl erst unmittelbar vor dem
Anrichten zufügen.

Tripe in sour sauce

2$^1/_2$ lbs. tripe, precooked
14 oz. onions
$^1/_3$–$^1/_2$ c. lard or clarified butter
1$^1/_2$ c(s). red wine (*Trollinger*)
a dash of red wine vinegar
1 onion studded with 2 cloves
2 bay leaves
4–5 juniper berries
some peppercorns
salt and freshly ground pepper

Roux made from:
1 tbsp. butter and
$^1/_3$ c. flour
$^1/_2$ tbsp. sour cream
side-dish: fried potatoes

Cut precooked tripe in fine strips – if your butcher hasn't done it already. Chop onions, fry in hot fat, add tripe, fry briefly, add wine and vinegar and spices. Cook tripe gently for about 30–60 minutes (depending on how long they were cooked before) – the best thing is to test! Take studded onion and bay leaves out of sauce and flavor with salt and pepper. Before serving whisk sour cream and some sauce into roux and stir into tripe. Good served with fried potatoes and *Trollinger* (Württemberg red wine) or any other German dry red wine. Tripe, which you can buy at the butcher comes from the four parts of the stomach of the cow. Each part looks a bit different – the best known are paunch and maw. Tripe which is not precooked, is cooked in water to which chopped calf's trotters and 1 teaspoon of baking soda are added. The effect of soda is that tripe remains light in color. After the first boil, water is poured off and substituted with fresh water. After about 4–5 hours tripe is ready for being prepared in the above mentioned way.

Ox-cheek salad

1 ox cheek or ready-cooked ox-cheek meat, approx.
1 lb. 4 ozs. when boned

For boiling:
water, 1 tsp. salt,
1 onion half

1 mild vegetable onion

For the sauce:
2–3 tbsp. wine vinegar or
2 tbsp. wine vinegar and
1 tbsp. mustard
salt and white pepper, freshly ground
2 fluid oz. ox-cheek or meat stock
1–2 tbsp. sunflower-seed oil

Wash the ox-cheek several times in lukewarm water and boil it in water to which the salt and onion half have been added for approx. 2–3 hours until soft. Bone while still warm. Press lightly between two boards until cold.
Cut the boiled ox cheek into very thin slices. Add the vegetable onion either in half slices or finely chopped.
Prepare the sauce by stirring, season until spicy, mix into the ox-cheek slices and place in a cool place to marinate for 1 hour.
Ox-cheek salad tastes good with fried potato slices or farmhouse bread.

Tips: Ready-cooked ox-cheek meat may sometimes be ordered in advance at your butcher's. The prepared salad can be kept in a covered earthenware pot for about a week in the cellar or under similar cool conditions. In this case, the oil should only be added immediately before serving.

Fleischküchle
Meat balls

Fleischküchle

400 g gemischtes Hackfleisch:
   Rind und Schwein oder nur Rinder-
   hackfleisch
1 Brötchen vom Vortag, eingeweicht in lau-
   warmes Wasser und dann gut ausgedrückt
1 Ei, 1 mittelgroße Zwiebel, fein gehackt
1–2 EL Petersilie, fein gehackt
Salz und Pfeffer, frisch gemahlen

nach Belieben:
1–2 Sardellenfilets, fein gewiegt

zum Braten:
   3 EL Sonnenblumenöl, 1 EL Butter

Das Hackfleisch mit dem ausgedrückten klein
gezupften Brötchen, dem Ei, gehackter Zwiebel
und Petersilie vermischen. Nach Belieben würzen
und fein gewiegte Sardellenfilets zugeben. Kleine
runde Fleischküchlein formen, auf der Oberfläche
leicht einkerben. Öl in einer großen Bratpfanne
erhitzen, die Fleischküchle einlegen und von
jeder Seite 5–6 Minuten braten. Zuletzt die Butter
zugeben. Wird Sauce gewünscht, die Fleischküchlein aus der Pfanne nehmen und warm halten.
Den Bratensatz mit ca. $1/_8$ Liter Wasser loskochen
und die Soße mit 1 Teelöffel Speisestärke binden.
Dazu gibt es schwäbischen Kartoffelsalat, der
„schlonzig" sein muss.

Anstatt Petersilie kann der Fleischteig auch mit
gezupften Majoranblättchen gewürzt werden.
Dann die Sardellenfilets weglassen. Sollte die
Fleischmasse zu weich sein, kann mit wenig Semmelbröseln und Haferflocken zusätzlich gebunden
werden. Die Fleischküchle können auch vor dem
Braten leicht durch Mehl oder Semmelbrösel ge-
zogen werden, dann wird die Kruste knuspriger.

Kartoffelsalat

1 kg schmale festkochende Kartoffeln
keine mehligen Kartoffeln!
ca. $1/_4$ l gut abgeschmeckte Fleischbrühe –
   oder etwas mehr oder heißes
   Wasser, gewürzt mit gekörnter
   Brühe
1 mittelgroße Zwiebel, fein gehackt
1 Prise Pfeffer, frisch gemahlen

nach Geschmack:
   $1/_2$ TL Salz
   4–5 EL Weißweinessig
   4–6 EL Sonnenblumenöl

Die Kartoffeln in der Schale kochen. Noch heiß
schälen und dann abkühlen lassen. In feine Scheiben schneiden und in eine Schüssel füllen. Die
Fleischbrühe entfetten, erhitzen und über die
Kartoffelscheiben gießen. Die Menge richtet sich
nach den Kartoffeln, sie sollten „nass" sein. Zwiebelwürfel und Pfeffer zugeben. Mit Salz etwas
vorsichtig sein, da die Fleischbrühe bereits Salz
enthält. Essig untermischen und den Salat für ca.
30 Minuten ruhen lassen. Abschmecken, dann mit
dem Öl mit Hilfe von zwei Gabeln vermischen.

Oder unter den fertigen Kartoffelsalat nur 1 Esslöffel Öl mischen. Ruhen lassen und vor dem Servieren 2–3 Esslöffel zerlassene (nicht braune) Butter darüber träufeln und den Salat mit zwei
Gabeln auflockern.
Schwäbischer Kartoffelsalat wird zimmerwarm
serviert – aus dem Kühlschrank schmeckt er nicht.

Tipp: Bleibt Kartoffelsalat übrig, so kann man ihn
kühl stellen und am nächsten Tag eine Einbrenne
aus Butter und Mehl herstellen. Mit Fleischbrühe
ablöschen, mit 1 Lorbeerblatt und 2 ganzen Nelken
würzen und den Kartoffelsalat darin einmal aufkochen lassen. Dazu schmecken Saiten (Frankfurter-
oder Wiener Würstchen) oder heiße Fleischwurst.

48

Meat balls

14 ozs. mixed minced meat:
beef and pork
or minced beef only
    1 bread roll from the previous day, soaked
      in lukewarm water and firmly pressed out
    1 egg, 1 medium-sized onion, finely chopped
1 –2 tbsp. parsley, finely chopped
salt and pepper, freshly ground

To taste:
1–2 fillets of anchovy, finely chopped

To fry:
3 tbsp. sunflower oil
1 tbsp. butter

Mix the minced meat with the firmly-pressed roll, which has been plucked into small pieces, the egg, the chopped onion and the parsley. Season to taste and add the finely chopped anchovy fillets. Shape the mixture into small, round balls and score the surface lightly.
Heat the oil in a large frying pan, place the meat balls in the pan and fry on both sides for 5 – 6 minutes each. Lastly add the butter. If you wish to make a gravy, remove the meat balls from the pan, keeping them warm. Pour $1/_4$ pint of water into the pan and loosen the residue from the bottom of the pan. Thicken the gravy with 1 tsp. of cornflour.
Serve with Swabian potato salad, from which the dressing must be "dripping" (i. e. not too dry).

Instead of parsley, the meat mixture can by seasoned with marjoram leaves plucked into small pieces. In this case, do not use the anchovy fillets. Should the meat mixture be too wet, a few breadcrumbs and a little oatmeal will firm it up.
Before frying, the meat balls may also be lightly drawn through flour or breadcrumbs. This will make the crust crisper.

Potato salad

2lbs. small potatoes that cook to a hard consis-
    tency – do not use mealy potatoes!
approx. $1/_2$ pint well-seasoned meat stock
– or a slightly larger amount of hot water
    1 medium-sized onion, finely chopped
    1 pinch of freshly-ground pepper

If desired:
  $1/_2$ tsp. salt
4–5 tbsp. white-wine vinegar
4–6 tbsp. sunflower oil

Boil the potatoes in their jackets. Peel them while still hot and then allow them to cool down. Cut into fine slices and put into a bowl.
Remove any fat from the meat stock, heat and pour over the potato slices. The amount required depends on the potatoes, which should be "wet". Add chopped onion and pepper. Take care not to add too much salt as the meat stock is already salty. Mix in the vinegar and leave the salad to soak for about 30 minutes.
Season to taste, then mix in the oil with two forks.

Alternatively, only mix 1 tbsp. of oil with the prepared potato salad. Let it soak and then, before serving, pour on 2–3 tbsp. of melted butter (not browned!), finally tossing the salad with two forks.
Swabian potato salad is served at room temperature – it does not taste good if served straight from the refrigerator.

Tip: If any potato salad is left over, it can be put in a cool place and browned the following day with butter and flour. Quench with meat stock, spice with 1 bay leaf and 2 whole cloves and allow the potato salad to come to the boil.
Tastes delicious with frankfurters or other types of hot pork sausage.

Gaisburger Marsch
oder/or
„*Schnitz und Spatzen*"

Gaisburger Marsch oder „Schnitz und Spatzen"

Zur Brühe:

2 krause Knochen, 1 Markknochen
600 g Rind- oder Ochsenfleisch
(z. B. hohe Rippe,. Ochsenbrust, Brustkern, Bugblatt oder Wade)
1½–2 l Wasser
1 Gelbe Rübe, ¼ Sellerieknolle
1 Petersilienwurzel 1 kleine Zwiebel
¼ Stange Lauch, 1 EL Salz
einige Pfefferkörner
2 Lorbeerblätter
Spätzle nach dem Rezept Seite 20, halbe Menge
750 g Kartoffeln

zum Überschmälzen:

geröstete Zwiebelringe
4 EL fein gehackte Petersilie

Die Knochen zerkleinern, mit kaltem Wasser aufsetzen, rasch zum Kochen bringen und dann erst das Fleisch einlegen. Abschäumen und nach dem ersten Aufkochen die Hitzezufuhr reduzieren. Die Brühe sollte nur sanft kochen. Nun das grob zerkleinerte Gemüse und die Gewürze zugeben und die Brühe ca. 1½–2 Stunden kochen.

In der Zwischenzeit die Spätzle zubereiten und warm stellen. Die Kartoffeln schälen und in größere „Schnitz" schneiden. Die Brühe durch ein Sieb gießen und die Kartoffelstücke darin ca. 10–15 Minuten kochen. Das Fleisch solange warm halten.

Zum Anrichten das Fleisch in kleine Würfel schneiden und abwechselnd mit den Spätzle und den Kartoffelschnitz in eine vorgewärmte Suppenterrine geben, die heiße Brühe darübergießen. Den Gaisburger Marsch mit goldgelb gerösteten Zwiebelringen und mit gehackter Petersilie servieren.

Anmerkung: Die Kartoffelschnitz können auch separat wie Salzkartoffeln gekocht werden – das spart etwas Zeit. Allerdings dürfen die Stücke nicht zu gar sein!

In seinem Buch „Preisend mit viel schönen Reden" schrieb Thaddäus Troll über den Gaisburger Marsch:

„Eine Leibspeise der Schwaben ist der Gaisburger Marsch, ein Eintopf aus kleingeschnittenem Ochsenfleisch in einer kräftigen Brühe mit Kartoffelschnitzen und Spätzle. Vor dem Ersten Weltkrieg hatten die Einjährigen, die mindestens sechs Klassen einer höheren Schule besucht haben muss ten, damit automatisch Offiziersanwärter waren und statt zwei nur ein Jahr zu dienen hatten, in den Kasernen gewisse Vorrechte. So brauchten sie nicht in der Kantine zu essen, sondern durften in eine Wirtschaft gehen. Die Einjährigen in der Stuttgarter Bergkaserne bevorzugten die Küche der Bäckaschmiede in Gaisburg, deren Spezialität dieser Eintopf war. Vor dem Essen formierten sie sich zum Gaisburger Marsch, eine Bezeichnung, die später auf ihr Lieblingsgericht übertragen worden ist."

Eine der Grundsubstanzen dieses Nationalgerichts ist die Kartoffel, die wir den Franzosen zu verdanken haben.

Zehnjährige Steuerfreiheit nebst Grund und Boden wurde den aus Savoyen wegen ihres protestantischen Glaubens vertriebenen Waldensern in Württemberg zugestanden. Sie brachten zu Beginn des 18. Jahrhunderts die Kartoffel und den Maulbeerbaum ins Ländle. Die 1200 Maulbeerbäume gediehen nicht, aber die 200 zuerst in Schönenberg bei Maulbronn gepflanzten Kartoffeln eroberten bald ganz Deutschland.

Sie heißen im Schwäbischen Erdbirnen, Grundbirnen oder Erdäpfel: Äbira, Grombira, Ärdäpfl.

Gaisburger Marsch – beef, potato and Spätzle stew

For broth:

2 soup bones, 1 marrowbone

$1^{1}/_{4}$ lbs. beef (e. g. ribs, brisket, shoulder or leg)

$1^{1}/_{2}$–2 qt. water

1 carrot, $^{1}/_{4}$ celery root

1 parsley root, 1 small onion

$^{1}/_{4}$ leek stalk

1 tbsp. salt

some pepper corns

2 bay leaves

Spätzle according to recipe on page 21 (half quantity)

$1^{1}/_{2}$ lbs. potatoes

To garnish with:

fried onion rings

4 tbsp. finely chopped parsley

Chop bones, put in large pan with cold water, bring to a boil quickly and add meat. Skim off and reduce heat. Now add coarsely chopped vegetables spices and herbs and cook broth for $1^{1}/_{2}$–2 hours.

In the meantime make *Spätzle* and keep warm. Peel potatoes and quarter or cut in large slices (*Schnitz*). Strain broth and cook potato pieces in broth for about 10–15 minutes. Keep meat warm. For serving cut meat in small cubes and put into a preheated soup pot alternating Spätzle and potato pieces, pour hot broth over it.

Serve *Gaisburger Marsch* garnished with fried onion rings and chopped parsley.

Note: The potato pieces can also be cooked separately like boiled potatoes, which saves some time. Avoid overcooking!

In his book *Preisend mit viel schönen Reden* Thaddäus Troll, a Swabian author, writes about *Gaisburger Marsch*:

"A favorite dish of the Swabian people is *Gaisburger Marsch*, a stew made of small chunks of beef in a hardy broth together with potato pieces and *Spätzle*. Before World War I, the soldiers who had attended at least six classes in a school of higher education were automatically candidates for officers, serving only one year instead of two, and had certain privileges in the barracks. For example, they didn't have to eat in the canteen but were allowed to go to a restaurant. The one-year-term soldiers of the Berg Barracks in Stuttgart preferred the food of the *Bäckaschmiede* restaurant in Gaisburg, whose specialty was this stew. Before eating they fell in line and marched to Gaisburg. The expression *Gaisburger Marsch* was later to be given to this favorite dish. One of the basic elements of this national dish is the potato, which we owe to the French. In Württemberg, ten years of tax exemption together with land was granted to the *Waldenser* who were expelled from Savoy because of their faith. At the beginning of the 18th century they brought the potato and the mulberry tree into the country. The 1200 mulberry trees didn't thrive, but the 200 potatoes which were planted first in Schönenberg near Maulbronn* soon won over all of Germany. In Swabian dialect they are known as *Erdbirnen* (earth pears), *Grundbirnen* (ground pears) or *Erdäpfel* (earth apples): *Äbira, Grombira, Erdäpfl*."

---

* monastery, 12th century, near Pforzheim

Zwiebelkuchen · Onion tart

Zwiebelkuchen

Hefeteig:

10 g frische Hefe
ca. 1/8 l lauwarme Milch
250 g Weizenmehl
60 g Schweineschmalz oder Butterschmalz
1 Prise Salz,
1 Ei

Belag:

1 kg Zwiebeln
80 g Räucherspeckwürfel oder Grieben
30 g Butterschmalz
60 g Weizenmehl
1/4 l saurer Rahm
3–4 Eier, getrennt
etwas Salz,
1 EL Kümmel
Butterflöckchen

Die Hefe zerbröckeln, mit etwas Milch und 2 Esslöffeln Mehl verrühren. Das restliche Mehl in eine Schüssel oder auf ein Backbrett sieben, in die Mitte eine Vertiefung drücken, den Vorteig hineinfüllen und mit etwas Mehl bestäuben. Den Teig an einem warmen, zugfreien Ort so lange gehen lassen, bis die Mehldecke aufreißt. Nun alle übrigen Zutaten mit dem Vorteig gut verarbeiten und den Teig so lange kneten, bis er sich von der Schüssel oder der Hand löst. Den Teig abdecken und so lange gehen lassen, bis er sein Volumen etwa verdoppelt hat. Der Hefeteig kann auch mit Trockenhefe (Anleitung beachten) und mit Hilfe der Küchenmaschine zubereitet werden.

Während der Teig geht, den Belag zubereiten: Die geschälten Zwiebeln klein würfeln, mit den Speckwürfeln oder Grieben im zerlassenen Fett glasig werden lassen. Das Mehl mit dem Rahm glatt rühren, Eigelb, Salz, Kümmel und die abgekühlten Zwiebeln untermischen und zuletzt das steif geschlagene Eiweiß unterziehen. Von der Sahne-Ei-Mischung eine Tasse zurückbehalten. Eine Springform gut fetten, den Hefeteig auswellen, in die Form legen und die Ränder etwas hochziehen. Den Belag gleichmäßig auf dem Teig verteilen, die restliche Sahne-Ei-Mischung darübergeben, Butterflöckchen aufsetzen und den Zwiebelkuchen im vorgeheizten Backofen bei 200–225 °C (Gasherd Stufe 3–4) ca. 35–40 Minuten backen. Zwiebelkuchen schmeckt nur warm! Gut zu Federweißem (neuem Wein) oder Moscht! Zwiebelkuchen kann auch mit Mürbeteig bereitet werden.

Onion tart

Yeast dough:
 0.4 oz. fresh yeast
about $1/_4$ cup lukewarm milk
   1 c. wheat flour
$2^1/_2$ oz. lard or clarified butter
pinch of salt, 1 egg

Topping:
   2 lbs. onions
   3 oz. diced smoked bacon or crackling
   2 tbsp. clarified butter
$2^1/_2$ oz. wheat flour
   $1/_2$ c. sour cream
3–4 eggs, separated
some salt,
   1 tbsp. caraway seed
small pats of butter

Crumble yeast, stir with some milk and 2 table-spoons of flour. Sift remaining flour into a bowl or on a board, make a little hollow in the middle. Fill with yeast mixture and sprinkle with some flour. At a warm, draftfree place let dough rise until surface tears. Now work thoroughly all other in-gredients into yeast mixture and knead until dough no longer sticks to sides of bowl or hand. Cover and let it rise until about double in size. – Dough can also be prepared with dry yeast (follow instructions) and with help of dough mixer. While dough rises prepare topping: Chop skinned onions and together with bacon dices or crackling fry in melted fat until translucent. Blend flour with sour cream, mix in egg yolks, salt, caraway seeds and cooled-off onions and at last fold stiff beaten egg whites into it. From cream-egg-yolk mixture keep one cup back. – Grease baking dish thor-oughly, roll out yeast dough, place in dish and pull up edges a little. Spread onion mixture evenly on dough, pour remaining cream-egg-yolk mixture over it all and put on small pats of butter. Bake onion tart in preheated oven for about 35–40 minutes at 390–440 degrees.

Onion tart only tastes good warm! Good with fermenting new wine or *Moscht*.

Onion tart can also be prepared with shortcrust pastry.

Hefezopf · Plaited Yeast-cake

Hefezopf

Hefestück:

25 g	Frischhefe oder
1	Päckchen Trockenhefe
$^1/_8$–$^1/_4$ l	lauwarme Milch
500 g	Weizenmehl

weitere Zutaten:

120 g	Butter 1 Ei und 2 Eigelb
80 g	Zucker
$^1/_2$ TL Salz	

abgeriebene Schale von 1 kleinen
unbehandelten Zitrone

nach Belieben:

1 EL Anissamen

zum Bestreichen:

1 Eigelb

zum Bestreuen:

Hagelzucker und Mandelstifte

Die Hefe mit wenig lauwarmer Milch und etwas Mehl zu einem Vorteig anrühren, bedecken und zugfrei warm stellen, damit das Hefestück aufgehen kann. In einer Rührschüssel die Butter schaumig rühren, Ei, Eigelb, Zucker und Salz sowie Zitronenschale und das Hefestück zugeben. Das Mehl in Portionen unterkneten. Soviel Milch zufügen, wie nötig ist, damit ein geschmeidiger Teig entsteht. Den Teig einige Male auf eine Arbeitsfläche schlagen. Dann an der Wärme gehen lassen, bis er das doppelte Volumen erreicht hat. Den Teig in drei Portionen teilen, einzeln auf einem leicht mit Mehl bestäubten Backbrett zu gleich langen Rollen formen. Die Rollen nebeneinander legen und einen Zopf flechten. In der Mitte beginnen und jeweils zu den Enden hin flechten. Die Enden etwas spitz zulaufen lassen und nach unten einschlagen. Den Hefezopf auf ein gefettetes Backblech legen und und nochmals gehen lassen. Mit Eigelb bestreichen und mit Hagelzucker und Mandelstiften bestreuen.

Im vorgeheizten Backofen bei 180 °C (Gasherd Stufe 2–3) etwa 30 bis 40 Minuten backen. Die Garprobe mit einem Hölzchen machen!

Tipp: Frischer Hefezopf schmeckt hervorragend, wenn er mit Butter bestrichen und mit einer guten selbst gemachten Konfitüre gekrönt wird. Im Schwabenland heißt Konfitüre „Gsälz". Am liebsten wird Johannisbeer- oder Kirschkonfitüre dazu gegessen.

Plaited Yeast-cake

Preparatory yeast dough:
   $^3/_4$–1 oz. fresh yeast or 1 sachet of dried yeast
   $^1/_4$–$^1/_2$ pint lukewarm milk
   1 lb. wheat flour (plain)

Further ingredients:
   4 ozs. butter
   1 egg and 2 egg yolks
   3 ozs. sugar
   $^1/_2$ tsp. salt
grated peel of 1 small untreated lemon

If desired:
   1 tsp. aniseed seeds

For coating:
   1 egg yolk

To sprinkle on:
white sugar crystals and almond splinters

Mix the yeast with a little lukewarm milk and some flour to form a preliminary dough, cover and place in a warm, draught-free place to allow the yeast dough to rise.

Mix the butter to a foamy consistency in a mixing bowl, add the egg, egg yolks, sugar and salt followed by the lemon peel and the preliminary yeast dough. Knead in the flour in portions. Add enough milk to produce a smooth dough. Beat the dough on the work surface several times. Then allow to rise in a warm place until the dough has doubled in volume.

Divide the dough into three portions, shape them individually into rolls of equal length on a lightly floured board.

Place the rolls alongside each other and plait them together. Begin in the middle and plait outwards to the ends. Mould the ends together to a slightly pointed shape and fold them under.

Place the leavened plait on a greased baking tray and allow to rise once more. Coat with egg yolk and sprinkle with sugar crystals and almond splinters. Bake for 30 to 40 minutes in a pre-heated oven at 350°F (180°C) (Gas Mark 2–3). Use a wooden skewer to test that baking is complete.

Tip: Fresh plaited yeast-cake tastes excellent buttered and crowned with home-made jam. In Swabia, jam is called *"Gsälz"*. Blackcurrant and cherry are the favourite types of *"Gsälz"* jam for this purpose.

Dampfnudeln · Steamed dumplings

Ofenschlupfer

3–4 mürbe Äpfel, 40 g Zucker
1–2 EL Arrak oder Rum
6 altbackene Brötchen oder 300 g alt-
backenes Weißbrot
$1/4$ l Milch, 50 g Butter
5–6 Eier, getrennt
20–30 g Zucker
1 Prise Zimt
abgeriebene Schale von $1/2$ Zitrone
30–40 g geriebene Mandeln
50 g gewaschene Sultaninen
Butter und Semmelbrösel für die Form
Butterflöckchen zum Aufsetzen
oder 2 Eiweiß(-klar) und 60 g Zucker

Die Äpfel schälen, in feine Blättchen schneiden
und diese mit Zucker und Arrak oder Rum durchziehen lassen.
Die abgeriebenen Brötchen in feine Scheiben
schneiden und mit der Milch anfeuchten. Die Butter schaumig rühren, Eigelb, Zucker, Zimt und Zitronenschale sowie die geriebenen Mandeln dar-
unter rühren. Die Eiklar gesondert zu steifem
Schnee schlagen.
Die Apfelscheiben, die getrockneten Sultaninen
und den Eischnee locker unter die Butter-Eigelb-
Masse heben.
Eine feuerfeste Form ausbuttern, mit Semmelbröseln ausstreuen. Da hinein die Brötchenscheiben
lagenweise mit der Apfelmasse einfüllen, obenauf
reichlich Butterflöckchen setzen. Den Ofenschlupfer in ca. 30–40 Minuten bei 180–200 °C (Gasherd Stufe 2–3) backen – die Oberfläche sollte eine schöne Farbe haben.
Statt Butterflöckchen kann auch Eischnee nach ca.
20 Minuten Backzeit über den Ofenschlupfer ge-
strichen werden. Dazu 2–3 Eiklar mit etwa 60 g
feinem Zucker zu steifem Schnee schlagen. Dann
die Zuckermenge bei den Äpfeln etwas vermin-
dern.

Dampfnudeln

Hefeteig:
500 g Weizenmehl
$1/2$ Würfel (ca. 20 g frische Hefe)
1 Prise Zucker
$1/8–1/4$ l lauwarme Milch
2 Eier, 80 g Butter, 60 g Zucker
Schalenabrieb von 1/2 Zitrone
1 Prise Salz

zum Aufziehen (Backen):
40 g Butter, 1 Prise Salz 2 EL Zucker
gut $1/4$ l Wasser oder halb Milch, halb Wasser

Das Mehl in eine Schüssel oder auf ein Backbrett
schütten und in die Mitte eine Vertiefung drücken.
Die zerbröckelte Hefe, Zucker und etwas Milch
verrühren und in die Vertiefung gießen. Den Vorteig gehen lassen, dann mit allen anderen Zutaten
zu einem geschmeidigen Teig verarbeiten. Den
Teig gehen lassen, dann entweder fingerdick auswellen und mit einem Glas Küchle ausstechen
oder mit einem Löffel kleine Portionen abstechen
(ca. 20 Küchle), nochmals gehen lassen. In einer
Kasserolle die Butter zerlassen, Salz und Zucker
zugeben und die gewünschte Flüssigkeit (die Flüssigkeit sollte 2 cm hoch in der Kasserolle stehen).
Die Flüssigkeit aufkochen lassen, die Küchlein hin-
einsetzen und den Deckel auflegen (falls der Deckel nicht gut schließt, einen Teigstreifen um den
Rand legen). Auf dem Herd bei mittlerer Hitzezufuhr in ca. 20 Minuten aufziehen. Wenn die
Dampfnudeln aufhören zu zischen, noch 10 Minuten weiterbacken, damit sich eine Kruste bildet.
Mit einer Backschaufel herausheben und mit
Kompott oder Vanillesoße servieren. Oder die
Dampfnudeln in der offenen Kasserolle im Backofen bei ca. 180–200 °C in ca. 20–25 Minuten
aufziehen. So bräunen sie ringsum. Evtl. die Flüs-
sigkeitsmenge erhöhen, damit sie nicht ansetzen.

Bread-and-apple pudding (Ofenschlupfer)

3–4 ripe apples
   3 tbsp. sugar
1–2 tbsp. arrack or rum
   6 stale rolls or 10 oz. stale white bread
   $1/_2$ c. milk
   2 oz. butter
5–6 eggs, separated
$2^1/_2$ tbsp. sugar
a pinch cinnamon
grated peel of 1/2 lemon
   2 tbsp. grated almonds
   2 oz. washed raisins
butter and bread crumbs for baking dish
small pats of butter to put on top
or 2 egg-whites and 4 tbsp sugar

Peel apples, cut in fine slices and steep with sugar and arrack or rum. Cut rolls in fine slices and moisten with milk. Beat butter until creamy, mix in egg yolks, sugar, cinnamon, lemon peel and grated almonds. Beat eggwhites separately until stiff. Fold together apple slices, raisins and whipped egg-white with butter-yolk mixture. Grease a fireproof baking dish and sprinkle with bread crumbs. Alternate bread slices layers with apple mixture and generously top with small pats of butter. Bake *Ofenschlupfer* 30–40 minutes at about 350–400 degrees – the top should be slightly brown. Instead of butter you can also spread whipped egg-white over *Ofenschlupfer* after about 20 minutes of baking time. In this case beat 2–3 egg-whites together with 4 tbsp. sugar until stiff and reduce quantity of sugar for apples.

Steamed dumplings (Dampfnudeln)

Yeast dough made from:
   1 lb. wheat flour
   $1/_2$ cube (about 0.7 oz.) fresh yeast
a pinch of sugar
$1/_3$–$1/_7$ cup lukewarm milk
   2 eggs
   3 oz. butter
   2 oz. sugar
grated peel of $1/_2$ lemon
a pinch of salt

For baking:
   $1^1/_2$ oz. butter
   2 tbsp. sugar, a pinch of salt
   $1/_2$ cup water or half milk, half water

Put flour into a bowl or on a board and make a little hollow in it. Mix crumbled yeast, sugar and some milk and pour it in the hollow. Let yeast mixture rise, then mix with other ingredients and knead until smooth. Allow to rise again, then roll out to finger thickness and cut out small rounds with a glass or cut little portions with a spoon (about 20 little rounds). Allow to rise again. Melt butter in a casserole, add salt and sugar and liquid (liquid should stand 1 inch high in the casserole). Bring liquid to boil, put little rounds in it and cover with lid (if lid does not close well enough, put a strip of dough around rim). Cook on stove over medium heat for about 20 minutes. When *Dampfnudeln* stop sizzling, cook for 10 more minutes so that a crust can develop. Lift out with a spatula and serve with compote or vanilla sauce. Or, bake *Dampfnudeln* in open casserole in oven at 375 °F to 400 °F for 20 to 25 minutes. *Dampfnudeln* brown on top and are then called *Rohrnudeln*. Good with vanilla sauce or just with coffee.

Ofenschlupfer
Bread-and-apple pudding

Pfitzauf

5 Eier
250 g Weizenmehl
1 Prise Salz
$^1/_2$ l Milch
125 g Butter
Puderzucker zum Überstäuben

Die Eier mit Mehl, Salz und etwas Milch glattrühren. Die übrige Milch erhitzen, einen Teil der Butter zum Ausstreichen der Pfitzaufförmchen (Kaffeetassen sind auch brauchbar) verwenden, die restliche Butter in der Milch zerlassen. Die kochend heiße Milch mit der Butter unter den Teig rühren. Die Förmchen halbvoll mit Teig füllen. Der Teig geht beim Backen stark auf! Im vorgeheizten Backofen bei 180 bis 200°C (Gasherd Stufe 2–3) etwa 30 bis 40 Minuten backen. Pfitzauf heiß aus der Form stürzen und zu Kompott, z. B. Apfel- oder Quittenkompott, oder mit einer Fruchtsoße – Hägenmarksoße (Hagebuttenmark) passt gut dazu – servieren.
Werden die Pfitzauf süß serviert, mit etwas Puderzucker überstäuben. Pfitzauf können aber auch als Beilage zu Gemüse gereicht werden.
Es gibt alte Pfitzaufrezepte, die mehr Mehl (375 g) und mehr Milch ($^3/_4$ l) sowie 50 g Zucker, dafür aber weniger Butter vorschreiben. Das rührt unter anderem daher, dass die früheren Pfitzaufförmchen recht groß waren und dass Pfitzauf als Hauptgericht gereicht wurde.

Möchte man ein besonders lockeres Ergebnis erzielen, so können anstatt 250 g Mehl nur 125 g Mehl verwendet werden (für 4 kleine Förmchen). Diese Pfitzauf schmecken köstlich zum Nachtisch oder zum Nachmittagskaffee.

Holunderküchle

12 gleichgroße schöne Holunderblüten
200 g Mehl
$^1/_4$ l Milch
3 Eier
1 Prise Salz
Butterschmalz zum Ausbacken

Die Holunderblüten waschen und gut ausschütteln. Evtl. auf ein Sieb zum Abtrocknen legen.
Aus Mehl, Milch und Eiern einen Pfannkuchenteig bereiten, die Holunderblüten am Stiel festhalten, in den Pfannkuchenteig tauchen und in heißem Butterschmalz schwimmend goldgelb herausbacken. Mit Zimt und Zucker bestreuen und zum Nachtisch oder Kaffee reichen.
Man kann die Holunderküchle auch ohne Zucker servieren. Ein Viertele Trollinger passt dann nicht schlecht dazu.

Pancake puffs

5 eggs
1 c. wheat flour
pinch of salt
1 c. milk
$1/_2$ c. butter
powdered sugar for topping puffs

Mix eggs with flour, salt and some milk and beat until smooth. Heat remaining milk, use part of butter for greasing custard cups for *Pfitzauf* (coffee cups can be used as well) and melt rest in milk. Stir boiling milk with melted butter into batter. Fill custard cups only half way with batter since it rises when baking! Bake in preheated oven at 350–400 degrees for about 30–40 minutes. Remove from forms while hot. Good served with compote, e. g. apple compote, quince puree or with fruit sauce like sauce of rose hip pulp. If *Pfitzauf* are served sweet, sprinkle with powdered sugar. *Pfitzauf* can also be served as side dish with vegetables. There are old recipes for *Pfitzauf* which prescribe more flour (3 cups) and more milk (3 cups) and $1^3/_4$ oz. sugar but less butter. Among other reasons this is due to the fact that the former baking dishes for *Pfitzauf* were quite big and that *Pfitzauf* was served as a main course.

If you want to achieve an especially light result, use only $1^1/_4$ cups flour instead of 2 cups (for 4 little dishes). *Pfitzauf* are delicious for dessert or with coffee in the afternoon.

Elder blossom fritters

12 equal-sized elder blossoms (approx. 6" in diameter)
$1^1/_3$ c(s). flour
1 c. milk
3 eggs
1 pinch salt
shortening or clarified butter (4 cups) sugar and cinnamon (garnish)

Wash elder blossoms and drain well. Beat together flour, milk, eggs and salt to make a smooth batter. Hold the elder blossoms by the stalk, and dip the blossoms into the batter, submerging them completely. Immediately remove the blossoms, shake off excess batter, and deep fry the blossoms at 365 °F. to 370 °F. until they are a light golden color. Sprinkle with sugar-cinnamon mixture, and serve to dessert with coffee.
Or, omit the sugar-cinnamon, and serve the fried elder blossoms with beer or wine.

Pfitzauf · Pancake puffs

Gedeckter Apfelkuchen

Für 1 flache Kuchenform Ø ca. 30 cm
ergibt 12 Kuchenstücke

Mürbeteig:

280 g Weizenmehl
140 g kalte Butterstückchen
125 g feiner Zucker, 1 Prise Salz
1–2 Eier (je nach Größe)
3–4 EL süße öder saure Sahne

Belag:

1–1,5 kg mürbe nicht zu süße Äpfel
80 g feiner Zucker
Schale und Saft von 1 kleinen Zitrone,
unbehandelt
40 g geschälte, gehackte Mandeln
60 g Sultaninen, mit heißem Wasser
gewaschen und gut abgetropft

zum Bestreichen:

1 Eigelb

Guss:

100 g Butter, 100 g feiner Zucker
1 TL echter Vanillezucker oder
wenig abgeriebene Zitronenschale von
1 unbehandelten Zitrone

Das Mehl auf ein Backbrett häufen, in die Mitte eine Vertiefung drücken. In diese den Zucker, Eier und Sahne geben, die Butterstückchen, Prise Salz auf dem Mehlrand verteilen. Alle Zutaten mit einem großen Messer zuerst vorsichtig, dann energisch zusammenhacken. Rasch zu einem Ball kneten und zugedeckt ca. 30 Minuten kalt stellen. Oder das Mehl in eine Rührschüssel füllen, alle anderen Zutaten darauf geben und mit der Küchenmaschine auf niedriger Schaltstufe verkneten; ebenfalls kalt stellen. Äpfel schälen, zuerst in Achtel, diese in feine Blättchen schneiden. In einer Schüssel mit dem Zucker, Zitronenschale und -saft vermischen und zugedeckt 30 Minuten durchziehen lassen. Aus dem Mürbeteig zwei Böden ausrollen; einer sollte ca. 2 cm größer als die Kuchenform sein. Mit dem größeren Teigboden eine gefettete Form auslegen Die Apfelblättchen, Mandeln und Sultaninen darauf verteilen, den überstehenden Teigrand zur Mitte hin einschlagen und mit verquirltem Eigelb bestreichen . Den zweiten Teigboden auflegen und ringsum gut andrücken. Für den Guss, die Butter leicht erwärmen, mit Zucker und Vanillezucker oder Zitronenschale vermischen und den Kuchen damit bestreichen. Den Apfelkuchen im vorgeheizten Backofen bei 200 °C (Gasherd Stufe 3) in ca. 35–45 Minuten hellbraun backen.

Covered apple cake

Ingredients for 1 cake tin approx. 12 ins.
in diameter, giving 12 slices of cake

Short pastry:

10 ozs. wheat flour (plain)
5 ozs. cold butter pieces
4 ozs. caster sugar, a pinch of salt
1–2 eggs (depending on size)
3–4 tbsp. sweet or sour cream

Fruit covering:

2–3 lbs. ripe apples, not too sweet
3 ozs. caster sugar
peel and juice of 1 small, untreated lemon
$1^1/_2$ ozs. blanched chopped almonds
2 ozs. sultanas washed in hot water and
well drained

Coating:

1 egg yolk

Icing:

$3^1/_2$ ozs. butter, $3^1/_2$ ozs. caster sugar
1 tsp. genuine vanilla sugar or
a little grated lemon peel from 1 untreated
lemon

Arrange the flour in a heap on a baking board, form a hollow in the centre. Pour the sugar, eggs and cream into this hollow. Distribute the pieces of butter and the pinch of salt around the edge of the heap of flour.

Using a large knife, chop all the ingredients together, carefully at first, then energetically. Quickly knead into a ball, cover and place in a cold place for about 30 minutes.

Alternatively, pour the flour into a mixing bowl, add all the other ingredients on top and knead at slow speed with a kitchen mixer. Place cold as above.

Peel the apples, cut first into eighths, then into wafer-thin strips. Mix with the sugar, lemon peel and juice in a bowl, cover and leave to soak for 30 minutes.

Roll the short pastry out into two pieces one of which should be approx. $^3/_4$ in. wider than the baking tin. Place the larger of the two pieces into the greased baking tin. Spread the apple strips, almonds and sultanas over the pastry, turn the overlapping pastry inwards and coat with whipped egg yolk. Place the second piece of pastry on top and press firmly onto the bottom piece all round.

For the icing, heat the butter slightly, mix with the sugar and vanilla sugar or lemon peel and spread over the cake.

Bake the apple cake to a light brown colour in a preheated stove for approx. 35 – 45 minutes at 390°F (200°C; Gas Mark 3).

Weinberg mit Blick auf den Neckar bei Mundelsheim
Vineyard with a view of the Neckar near Mundelsheim
(Werbegemeinschaft Württembergischer Weingärtnergenossenschaften)

Weinland Württemberg
Wine Country Württemberg

Steillagen, Terassen- oder Hanglagen sind typisch für den württembergischen „Wengert", den Weingarten, der vom Weingärtner, dem „Wengerter" mit Fachkenntnis und Erfahrung gepflegt wird. Kein Wunder, dass die Schwaben ihren Wein am liebsten „selber schlotzen" und der Württemberger Wein zu den begehrten Raritäten zählt. Dabei sind die Erträge des Landes nicht eben gering: Württemberg ist Deutschlands fünftgrößtes Weinbaugebiet und reicht vom Taubergrund bis zum Albtrauf. Der Weinbau verteilt sich auf die beiden Zentren um Stuttgart und Heilbronn und auf die sonnigen Lagen des Neckartals und der Täler der Nebenflüsse Rems, Murr, Enz, Bottwar, Zaber, Kocher und Jagst. Die landschaftliche Vielfalt spiegelt sich in 16 Großlagen und 203 Einzellagen wider, deren reichhaltiges Rebsortiment einmalig für Deutschland ist.

Das schwäbische Nationalgetränk unter den Weinen ist der *Trollinger* (der Name geht auf Tirol, „Tyrolinger", zurück), eine spätreifende Rotweinsorte, die auf nährstoffreichen Böden und in besten Hanglagen gedeiht. Der herzhaft-kernige Charakter des Weins passt gut zu herzhaft-rustikalen Speisen wie Rostbraten, Linsen, Spätzle und Saiten oder zu Kutteln, wobei die Zugabe von Trollinger zum „Sößle" den Gerichten nicht schadet.

Zu den Roten gehört auch der leuchtend rote, harmonisch-gehaltvolle *Schwarzriesling*, der gut zu Wild und Geflügel passt, und der anspruchsvolle *Spätburgunder*, ein purpurrotes, körperreiches Spitzengewächs (gut zu Wild- und Rindgerichten). Längst kein Geheimtipp mehr ist eine originäre Züchtung aus Württemberg, der *Dornfelder*, ein farbintensiver, kräftiger Rotwein, der sich hervorragend zum Ausbau im Barrique (Eichenholzfass) eignet. Eine selten gepflegte Spielart aus der Burgunderfamilie ist der *Klevner* und seit einiger Zeit macht der *Samtrot* von sich reden, eine Abwandlung des *Schwarzrieslings*, der mit warmem Rotton und samtiger Fülle seinem Namen alle Ehre macht. Zur Elite der Rotweinsorten zählt der *Lemberger*, ein höchst anspruchsvolles Gewächs, was Lage, Klima und Boden angeht. Daher wird es auch nur in begrenztem Umfang angebaut – aber was für ein Getränk! Der krönende Höhepunkt zu Wild- und Pilzgerichten.

Auch mit ihren Weißweinen müssen sich die schwäbischen Wengerter nicht vor der Konkurrenz verstecken. Auf den schweren Keuper- und Muschelkalkböden des Landes wächst ein eleganter *Riesling* mit dezentem Bukett und pikanter Säure, der gut zu Fisch und Meeresfrüchten passt, den man aber unbedingt auch einmal zum Zwiebelkuchen oder Hefezopf probieren sollte. Letzteres gilt auch für den *Gewürztraminer*, der nur in den besten Lagen des Landes angebaut wird. Er ist ein idealer Begleiter zu Desserts und würzigem Käse. Leichter und duftiger ist der *Müller-Thurgau*, der sich gut zu Vorspeisen, Suppen und Desserts eignet. Dazu passt auch der leichte, unaufdringliche *Silvaner*, der in den Tallagen rund um Heilbronn und Weinsberg und auf den Keuperböden des Hohenloher Landes gut gedeiht.

Ein echter Schwabe und originär württembergische Züchtung ist der *Kerner*, der aus der Kreuzung zwischen *Trollinger*- und *Rieslingrebe* entstand. Mit feinrassiger Säure und kraftvollem Körper ist er von unverwechselbarem, eigenwilligen Charakter – wie sein Namenspatron, der Arzt und Dichter Justinus Kerner. Noch ein schwäbischer Dichter ist Namenspatron für eine württembergische Spezialität: Der frische, leichte *Schiller* wird aus gemeinsam gekelterten blauen, roten und weißen Trauben aller in Württemberg angepflanzten Rebsorten gewonnen und verfügt somit über eine Fülle verschiedenster Geschmackskomponenten. Er passt wunderbar zu Fisch, Gemüse und Geflügel. Nicht zu verwechseln ist der Schiller mit dem Weißherbst, dessen Trauben nur von einer Rebsorte stammen dürfen und im Unterschied zum Rotwein sofort nach der Lese gekeltert werden. So entsteht die typische hellrote Farbe.

Der Schwabe liebt sein „Viertele", und das wird als Trollinger, im „Vierteles"glas mit Henkel serviert. Das weiße Viertele kommt dagegen in einer schwäbischen Weinwirtschaft gut gekühlt im „Römer" auf den Tisch. Apropos Weinwirtschaft: Viele werden von den Wengertern selbst geführt, man wird ehrlich, schwäbisch-freundlich-deftig bedient, etwa nach dem Motto: „So, send'r wiader z'faul zom Kocha gwea!" Aber das ist eine andere Geschichte und würde den Rahmen unseres Buches sprengen …

Steep slopes, terraces or hillsides are typical locations for the Württemberg "Wengert", the vineyard, which is looked after by a "vine-gardener" or, in Swabian, a "Wengerter" with a wide knowledge of his subject and a great deal of experience. No wonder that Swabians prefer to drink most of the wine produced here themselves, and that Württemberg wine is a much-sought-after rarity elsewhere. Not that the amounts of wine produced here are small: Württemberg is Germany's fifth largest wine-producing region, stretching from the Taubergrund to the Albtrauf. Viniculture is distributed throughout the two centres around Stuttgart and Heilbronn, and on the sunny slopes of the Neckar valley and the valleys of its tributaries Rems, Murr, Enz, Bottwar, Zaber, Kocher and Jagst. The geographical variation is reflected in 16 large-scale areas and 203 individual vineyard locations! Swabia's national favourite among wines is the *Trollinger*, a late-ripening type of red grape which thrives on soils rich in nutrients and on the best slopes. The hearty, foursquare character of this wine goes well with solid rustic dishes like roast beef, lentils, "Spätzle" with sausages or tripe, while the addition of a little *Trollinger* to the gravy does absolutely no harm whatsoever to the dishes themselves.

Other red wines include the bright red, harmoniously full-bodied *Schwarzriesling*, which goes well with poultry and game, and the sophisticated *Spätburgunder*, a purple-red, full-bodied top-quality wine (good with game and beef dishes). No longer a secret tip is an original strain of vine from Württemberg, the *Dornfelder*, which provides an intensive-coloured, powerful red wine excellently suited to maturing in oak barrels.

A rarely sophisticated variety of the burgundy family is the *Klevner,* and for some time much has been talked about the *Samtrot* (Velvet Red) wine, a modification of *Schwarzriesling* which, with its warm red colour and velvety body, certainly does full justice to its name. One of the elite varieties of red wine is the *Lemberger*, obtained from a vine that is extremely demanding as far as situation, climate and soil are concerned. This is why it is only cultivated to a limited extent – but what a drink! The crowning highlight of game and mushroom dishes. Nor do the white wines of the Swabian vintners need to fear either German or international competition. The heavy Keuper and shelly-limestone soils of the region produce an elegant *Riesling* with a discreet bouquet and piquant acidy tang that goes well with fish and seafood and which should definitely be tried with onion tart or plaited yeast-cake. This also applies to the *Gewürztraminer*, which is only cultivated in the best vineyards in Baden-Württemberg. It is the ideal accompaniment to desserts and full-flavoured cheese. A lighter and more fragrant wine is the *Müller-Thurgau*, which is well suited to hors d'oeuvres, soups and desserts. For hors d'oeuvres and vegetable dishes, the light, unobtrusive *Silvaner* which grows on the slopes around Heilbronn and Weinsberg and on the Keuper soils of the Hohenlohe area is well suited.

A true Swabian and original Württemberg variety of grape is the *Kerner*, which was produced by crossing *Trollinger* and *Riesling* vines. With its fine acidy tang and full-bodied taste it has an unmistakable character all of its own – like its namesake the doctor and poet Justinus Kerner. Yet another Swabian poet has given his name to a Württemberg speciality: the fresh, light *Schiller* wine is produced from blue, red and white grapes of all types of vine grown in Württemberg, pressed in one operation and thus possessing an abundance of widely varied taste components. It is a wonderful accompaniment to fish, vegetables and poultry. *Schiller* wine should not be confused with *Weissherbst*, the grapes of which may only be from one type of vine and which, by contrast with red wine, is pressed immediately after picking. This gives the wine its typical light-red colour.

The Swabian loves his "Viertele" ("quarter litre"), which is a *Trollinger* served in a "Viertele"glass with a handle. The "Viertele" of white wine, by contrast, is served in all true Swabian wine bars well cooled in a clear, round glass with a short, wide stem and foot of green glass, the so-called "Römer" ("Roman"). A propos wine bars: Many are run by the vintners themselves, so one is served in a straightforward, friendly way with the usual Swabian heartiness and humour, with comments like: "So – too lazy to do the cooking again, are we?" But that is another story, and one which would be far beyond the scope of our book …